我在這裡為你們祝福

聖嚴

# 東初禪寺的故事

The Story of Chan Meditation Center

聖嚴法師 著
胡麗桂 選編

選編序一

# 回家的旅程

胡麗桂

東初禪寺，又名禪中心，一九七九年初建於紐約皇后區，一九八七年遷入現址，是法鼓山創辦人聖嚴師父生平首建道場。晚近，東初禪寺逐漸成為法鼓山信眾心中無可取代的時空座標，將此列為紐約行程重點。他們會告訴你，早前看過聖嚴師父的著作，現在終於來了；親訪東初禪寺，等同朝聖，又似回家。

我們衷心推薦這趟「回家」之旅。也許啟程是受聖嚴師父創建道場的悲願而感動，然而行旅中所見、所聞，若能常與寸心相會，則起點即是終點，終點又與原點相接。如此，無論三十年前、二十年前，或是十年前，聖嚴師父藉東初禪寺道場因緣弘化的每次教導，都能與今日的我們，心心相映，無縫相接。

聖嚴師父曾說，世界上有許多好人好事，「我只是認識了很多想做好事的好人，因緣具足之下，幫忙他們做了好事，成就了這些好人。」東初禪寺何嘗不是眾人共同創作的一件好事，而在過程中淬鍊這一生最美好的初發心。

在東初禪寺即將舉行擴建之際，法鼓文化從聖嚴師父歷年闡述東初禪寺文稿予以選編，嘗試勾勒從零開始，以信心、願心成就眾人安心的東初禪寺故事。期望本書帶給您的「回家」提案，不僅僅是走進紐約皇后區的東初禪寺，也是重訪你、我初心守護的禪中心。

代序一

# 從零開始

聖嚴法師

初發心是最難得的事。

我們做任何事，只要開始，就會成功；如果不開始而要成功是不可能的。開始以後，即使距離目標遙遠，也已經是開始了，總是會成功的。

我在美國開始弘法的時候，最初是一籌莫展，沒有錢，沒有地方住，而想做的事沒有辦法做。後來我們租了一個地方，出了一份小小刊物。就有一位大德長者居士寫信給我，他說：「聖嚴法師，恭喜你，你總算已經開始了。」

在美國，從零開始是不容易的。要有個開始，需要有人，也要有地方。需要幫助你的人，以及需要你幫助的人，這兩種都需要；需要人來幫我做一些弘法的助手工作，還有，需要有人願意接受我們給他佛法，這也是不容易的。諸位你們相信嗎？人家願意來接受佛法，這是不容易的事。所以，收到這位老居士給我寫的信，我當時感動地流眼淚了，我在美國開始了，已經有人看到我開始了。總算我走出了第一步，這是最艱難的一步，總算是走出來了。

直到現在，我們走的路愈走愈遠，愈走愈寬，這都是從零開始。如果老是站在原地，不走出去，這個不叫開始。所以我現在非常珍惜那個時候的開始，我常常回到我的原點，遇到任何困難的時候，我常常想到我是怎麼開始的？那個開始是那麼困難，只有一個弟子跟我一起，我跟他講：在美國這麼富裕的社會環境，而我是那麼的窮、那麼的苦，但是不要以物質來衡量；我們在物質的生活上，但求冬天凍不死，平常餓不死，這就夠了，這就是出家人的修行。

我以這種精神在美國開始，然後帶回臺灣，也在臺灣開始了。

（一九九三年七月講於臺北農禪寺，摘錄於《法華經》經典講座）

# 菩薩行

如何成佛道？菩提心為先。
何謂菩提心？利他為第一。
為利眾生故，不畏諸苦難。
若眾生離苦，自苦即安樂。
發心學佛者，即名為菩薩。
菩薩最勝行，悲智度眾生。

聖嚴 一九九〇、十二、十三、

〈菩薩行〉，1990年12月13日，聖嚴法師寫於東初禪寺。

# 目錄

# 第一章 拓荒

曾有一位美國青年問我，在日本留學，得了博士學位，僅到美國教禪，豈不可惜！我的答覆是，只要能接引人們信佛學佛，因緣許可我怎麼做，我就怎麼做，博士學位並不妨礙我教坐禪。坐禪原是我個人自修的方法，如今教坐禪，也不能限制我的研究興趣。

以佛法的推廣而言，美國的社會，尚是一塊等待開墾的荒地，若無拓荒者的精神，而想佛法在此地生根立腳，是辦不到的。

（《留日見聞》）

# 從東洋到西洋

本來，當我於去（一九七五）年三月，通過了博士論文的口試之後，即可離開日本，為了論文的修改和出版，直到去年十二月十日，始從東京飛來美國。因為我的那部書，到十二月一日，才由出版社完成了書的樣子，送到我的手裡。

我在學成之後，應該回國為祖國的佛教教育及文化事業努力。我的已故世的指導教授坂本幸男博士也曾幾次提示我，中國的近代佛教之所以衰微，原因很多，未能有現代化的高級人才之培養的設施，也是原因之一，當我完成了學位之後，希望我回國去在這方面有些建樹。當我出國之初是抱著這樣的弘願，當我決心先來美國住幾年，也是抱著這樣的弘願。

為什麼我不先回國，而要先來美國？這是很難解答的問題，我在取得學位不久的時候，曾給好友幻生法師寫信，說我好比處身於沒有汽車可開的環境中，雖從外國考到了駕駛執照，也等於沒有一樣。很明顯的，假如我從日本直接回臺灣，我想我能選擇的，只有再找一處深山的寺院，掩關自修，及閱藏著述的一途而已。當印順老法師，知道我將暫不回國的消息之後，給我來信，表示因我不能為國內做些貢獻而遺憾！家師東公老人，尤其感到失望，他老人家滿以為我在學成之後，即可回國繼承他的道場，在他老人家的策畫之下，做點佛教事業。另有好幾位比丘尼大德，願將她們的寺院，交給我來住持。

可是，以我自己的考察及考慮所得，目前回國是不切時宜的，也是無法做出任何像樣的事業來的。不如趁我尚有一股求學熱忱的時候，再到美國住幾年。縱然美國的佛教環境，不會比臺灣更好，我只是以留學僧的心理準備，到美國學幾年英語，將來的我，不論在東方或西方，在國內或國外，最起碼的英語能力是必須具備的。在國外磨鍊數年之後，再回祖國，那時的力量也許會大些，至少不會比一個剛畢業就回國的留學僧的力量更小。

（一九七六年九月二日寫於紐約，摘錄於《菩提樹》月刊二八七期）

1975年底，初抵紐約的聖嚴法師（右二）與浩霖法師（右一）、印海法師（左二）、超定法師（左一）於紐約市政廳（New York City Hall）前合影。

# 在紐約的第一年

我於一九七五年十二月十日，由東京飛到美西舊金山，同月十六日再飛到美東的紐約，過了陽曆年就一邊幫忙美國佛教會大覺寺的寺務，同時由沈家楨先生資助，幾乎每天搭乘地下鐵路至城中區補習英文，達二百多個小時。

一九七六年一月二十五日，我生平第一次借大覺寺以禪者身分為中西人士指導禪修的基礎方法。

同年二月一日的週日法會，由我宣講《大乘遍照光明藏無字法門經》，此乃我到美國後的初次弘講，對象是該寺二十多位信眾，僅二位是西方人。

同年五月三日，正式開班，次第學習禪坐課程，每週一課三個小時，共十四週。

同年八月五日，美國佛教會為了慶祝美國建國二百週年紀念，到新罕布夏州（New Hampshire）的松壇廣場露天大教堂，啟建四百多位中西方人士參加的大法會，我與沈家楨先生同被推為大會的演講人。

同年九月十九日，美國佛教會召開第九次會員大會年會，我被選為新任董事，兼副會長及大覺寺住持職務。此乃我有生以來第一次擔當住持寺院及教會行政的工作，我到美國之初，原希望多充實自己，結果是自此之後，便走上了積極弘化的路程。

（一九九一，《金山有鑛》節錄）

## 美國佛教會與沈家楨居士

僑居在美國東海岸的沈家楨先生，原來是一位航業界的鉅子，所以跟東方航運公司的董浩雲先生關係也很好，因此，我的大批圖書，也由該公司免費從東京運到紐約。

沈先生給我的邀請函，是由他所組成的美國佛教會（The Buddhist Associationof the United States）出面，原先我希望進入他設於長島紐約大學的世界宗教研究院，再做幾年的研究，不過依沈先生的想法：出家人應該住於寺院。而當時的美國佛教會也需要有人來推動法務，所以把我安排在該會所屬的紐約市布朗士區大覺寺。

說來也真荒謬，我在七年前，聽不懂日文就去了日本，現在

1976年9月，東初老人（中）訪美，與弟子聖嚴法師（左）及沈家楨居士（右）於長島菩提精舍合影。

不懂英文而到了美國。因此，一到紐約住定之後，沈先生就把我送進了語言學校，每天四個小時，每週五天，為我安排的是個別指導老師，每小時十四塊美金，連續讀了半年，換了三個學校，然後又陸陸續續地補習了半年，花掉了沈先生不少的錢。不過真是被沈先生說中了：「人過四十歲，才從頭開始學另一種外國語文，比較困難。」

（一九九三，《聖嚴法師學思歷程》節錄）

## 第一場禪七

我在美國佛教會，一直住到一九七七年十二月十六日清晨，為了東初老人圓寂於臺北，而不得不請假火速搭機東返，也就從此種下了告別美國佛教會的遠因。

我在美國佛教會，先後整整兩年，除了受到沈氏夫婦的照顧，也向會長敏智老法師學到不少做人的道理；與我配合得最愉快的是經常抱病的日常法師；給我支援最多、愛護最切的是我在中國大陸時代的佛學院老師仁俊法師。在弘法及學習語文方面關心我最多的是趙曾玨教授。

我在那裡也接觸到不少來自各地的名人訪客，例如西藏大喇嘛大寶法王噶瑪巴以及特動活佛、陳健民上師、日本的佐佐木樵舟禪師、世界級名建築師貝聿銘博士等。無怪乎，當我辭職時，許多人為我惋惜，離開了這樣好的環境。

我在大覺寺期間的主要活動，而且影響深遠者，便是禪坐訓練班的開設。第二期的學生，已增加到二十多人，第三期十五名，且於開訓之日，皆授予三皈或五戒。因為是用中、英雙語教學，參加者多為中美知識青年，接引了不少在學的學生，故有因緣連續應邀至哥倫比亞大學（Columbia University）演講禪佛教，指導禪修方法，接著又被紐約區域電台 WBAI 請去做了數次廣播問答。

到了一九七七年五月十二日，便受幾位青年的懇求，並獲得

1976年1月起，聖嚴法師（中）開始在紐約大覺寺指導東西方人士基礎禪修，參加者多為中美知識青年，也有不少在學學生，此與法師日後頻頻受邀赴北美各大學講演、教導禪坐，關係密切。圖為1976年，法師於大覺寺觀音殿指導學員禪坐。

沈先生的支持，借到他的長島菩提精舍，打了第一次禪七，至五月二十日圓滿。那次參加的人數，連我一共九位，其中包括日常法師、王明怡、保羅・甘迺迪（Paul Kennedy）、丹・史蒂文生（Dan Stevenson）等，直到今日尚未退心。僅三位中國人，其他六位都是美國知識青年。這是我有生以來第一次擔任主持禪七的老師；也是促使我自此之後與指導禪修的工作，結下了不解之緣的開始。那次禪七，因為人數少，照顧容易，大家也都有心用功，所以感受相當深刻，有一半以上從此打下禪修的基礎及信念，迄今未曾退失。

由於前來參加禪修的人數愈來愈多，而且多半感到對他們有用，故在第三期禪訓班結業典禮上，幾乎每人都有非常感人的報告，將錄音帶經過整理或重新執筆成文之後，便選了其中的十篇，由學生們自行編印成為一冊，命名為《特別禪班的禪雜誌》（*Chan Magazine of the Special Chan Class*），那是一九七七年三月間的事。

到了同年七月底，學生們發行第二期《禪》雜誌（*Chan Magazine*），是以第一次禪七的心得報告為主，加上我的兩篇簡短開示，為其內容。嗣後便以季刊的型態向國內外發行。

禪訓班第一期的美籍學生保羅・甘迺迪，到了一九七八年五月十四日慶祝佛誕節的下午，他便發心在大覺寺求度出家，由我主持剃度儀式，法名果忍，典禮隆重莊嚴，乃為大覺寺成立以來最富特色的一樁喜事。另外一位美籍女眾凱倫・藺（Karen

Zinn），則於我們成立禪中心之後的第二（一九八一）年的農曆四月初八日浴佛典禮午後，發心求度出家，法名果閑。這兩位青年，資質都很優秀，雖然費了我不少心血，但這也是我要在美國留下來的主因之一。縱然以現代美國人的性格和心向，註定了難以終身出家，他們在三年及兩年之後，相繼還了俗、結了婚，但我所投注的心力卻並未落空。

（一九九一，《金山有鑛》節錄）

# 夢中的哭與笑——第一次禪七的圓滿日開示

我們大家在一起做了整整七天的夢，這個夢今天做完了。在這個夢中，有進來的人，有出去的人；有的人哭，有的人笑；有眼淚，也有血液；有的挨打，有的挨罵；有時候悲傷，有時候歡喜。

我告訴諸位，在我們離開大覺寺的時候，甚至於到達這裡那天，我們所有的計畫，僅僅是時間表，除了時間表以外，什麼也沒有。我只有一個信心，只有一個願心，就是在這七天之中，我處理的每一樣事情，都不是我自己處理的，我僅僅是反應而已。好像是說，你打我的手的時候我手上痛，踩到我的腳的時候我腳上痛。所以，一切的一切，你們要感謝的話，不要感謝我這個人，應該感謝三寶。如果沒有三寶的加持與加被，我們不可能有這樣圓滿的結果。

我講了好多次，我沒有神通，沒有他心通，我僅僅靠三寶的加持，而能夠有這樣的成就。假如說得更清楚一點，三寶藉我這個身體，藉我這個嘴巴，來做了這一場夢而已。

所以在這個過程之中，可以說，我每一秒鐘都全心全力貫注在你們每一個人身上，你們回想，我對你們的照顧是怎麼樣的。現在這個時候，我確確實實地像一個生了孩子的婦人，看到我的孩子生起來了，滿心地歡喜，歡喜地流眼淚。

在佛教裡面，尤其密宗有一種法門，當師父要傳法給弟子的

1977年5月，聖嚴法師（後排右四）借沈家楨居士（後排右三）提供的長島菩提精舍，主持生平第一場禪七，由日常法師（後排左三）擔任監香。法師對禪七成果印象深刻：「看到我的『孩子』生起來了，滿心地歡喜，歡喜地流眼淚。」

時候，他要損失什麼東西的，我現在完全體驗到。我並沒有把我的血液注射到你們身上去，可是我的energy（能量）在你們身上，不管你們得到了多少東西，或者是沒有得到，我們的關係就是這樣。我非常喜歡我們有這個因緣，成就了這樣一個夢。

從今以後你們怎麼想，我沒有權力干涉，至於是不是感謝三寶，這是你們自己的事。我們這個緣，不是現在結的緣，是在過去漸漸、漸漸地累積起來的，我們已經有了這個緣，這次碰在一起成熟了，還沒有成熟的，慢慢地還會成熟。所以你們得到東西比較少的人，不要懊悔、不要懊傷，師父已經盡到最大的努力，我還要對你們用力下去。

世界上沒有一個人是不能開悟的，我告訴諸位，像我們這次的成果，我在日本沒有看過，在中國也看不到，僅僅在菩提精舍發生。這不是我的力量，你們說是誰的力量？是三寶的因緣。所以你們今天覺得沒有得到東西的人是得到了很多，覺得已經得到東西的人得的很少，不管怎麼樣，不要驕傲，不要自滿。當你們歡喜以後，要繼續再進步，覺得得到很多東西的人更要努力。

師父在哪個地方，你們不要擔心，有緣的話會在一起。我到了中國，你們也會到中國；我到了天上，你們也跟著我去；或者是你們哪一個人到了莫斯科，我也會去，這就是緣。所以，不要顧慮這次結束以後將來怎麼辦。

（一九七七年五月二十日講於紐約長島菩提精舍）

## 最困頓的階段

回憶我在紐約打禪七的歷史，頗多辛酸，也極感欣慰。一九七七年五月的第一次禪七之後，我及我的幾位弟子，都渴望著能有另一次禪七的因緣，因為我們沒有固定的道場，是否還能借到場所，毫無把握。所幸沈家楨先生的菩提精舍，終年空著，而且地寬屋大，遠離塵囂，鄰近海灣；陸續地借到四次，都很順利，到第五次時，已是一九七九年五月，我已離開美國佛教會，正是我在美國最最困頓的階段，沈先生依舊答應借用，但在那七天之中，我們過得很不平安。

第一個晚上，精舍的管理工人便來興師問罪，說我們不該那麼晚了，還有人從外面進來，形同小偷。第二天來檢查廚房，說我們不該任意使用精舍的珍貴碗盤。第三天則拿著他自衛的手槍，對著我們威脅說：「如果誰再敢破壞精舍的骨董，他守護有責，就要不客氣了。」他所謂的骨董，是指這座古老住宅中的舊桌椅、老地毯、一尊泥塑像，只要輕微移動，都有可能受損。

我們知道這絕不是沈先生的意思，但是工人的耳朵尖，心眼小，總是從何人口中聽到有關我的什麼批評了。所以我一再向他保證並且道歉，同時約束弟子們，盡可能地小心翼翼。總算讓我們打完了禪七。然在最後一晚的心得報告時，幾乎每一個人都哭了，認為佛法難遇，修行難得，尤其對於我的感激，情溢言表。第二天我們離開菩提精舍時，都有無限的感謝與感慨，有一個弟子噙著淚珠問我：「師父，我們不可能再來菩提精舍了，是嗎？」我安慰他：「我們學佛的人，相信因緣，不必強求，也毋須失望，未來的事，到時候再說吧！」

我乘坐一個非裔弟子奧斯華・佩爾（Oswald Pierre）的車子回紐約市，另一位中國弟子王明怡君也同車坐在後座，一路上大家靜默無言，好像尚在禪七的禁語期中，我偷眼看看他們，他們的雙眼，都滿含著淚水。迄今為止，這是我唯一的一次，看到他們兩人流淚。那位奧斯華・佩爾並非有錢，但是一回紐約，就捐了我二千美金，而這兩人直到今天仍是我們禪中心的忠實會員。也可以說，我之留在美國而不辭辛勞，不畏艱難，受了這批弟子們的感動，也是原因之一。

位於紐約長島的菩提精舍，為沈家楨居士購於1970年前後的一處農莊，占地百畝，靠近海邊，環境非常幽靜。聖嚴法師（右一）赴美以後的前五場禪七，均借此地舉行。

當然，我們與菩提精舍的因緣，就此落幕。事後沈先生知道了一點什麼，特別向我致歉，並歡迎我們放心地再去打禪七，我倒不在乎，我們的會員卻不敢去了。如今的菩提精舍為了建設莊嚴寺而已經易主易名，那位工人則隨著宅院被沈先生讓給了新主人。

（一九九一，《金山有鑛》節錄）

# 絕處中有轉機

諸位仁者：

我來紐約已快一個月，雖然離開了美國佛教會，並且在沒有經費的情形下覓一枝棲，同時計畫設立文化館分館，艱困無比，終日奔馳於風雪街頭，但是為傳大法於西方，捨生命以報佛恩乃是應該的。目前尚無棲身定所，或在中國城的中國寺院掛單，或在在家弟子家中借宿；我們無錢買房子，甚至於租房子的費用也沒有把握，但是我得到了更多人的幫助，大家都希望我能住到他們的家裡去，並且提供他們的家庭作為弘法與教禪的道場。也從大學校借到課堂作為活動的場所。我正設法成立文化館的分館中，佛法不會辜負我們的。

你們要努力修行，努力求進步，你們的師父一生窮困，但從未潦倒；一生不向現實環境低頭，但為求法與弘化願向一切眾生行乞。信心和道心是從艱苦乃至絕境中生起，安樂的生活，對初發心者而言只有促使墮落。不過所謂的堅苦，不是無謂地自討苦吃，而是當你非要吃苦不可的時候，能夠以苦為樂，甘之如飴。你們不必為我的近況擔心，我經常是在絕處而得到轉機的。祝

愉快

師 聖嚴一九七九、三、十七

# 初創禪中心

正因為有了美籍的出家及在家弟子，要求我仍留在美國，故於一九七九年四月從臺北回到紐約，先在菩提精舍小住數日，弟子們覺得距離太遠，所以把我請到紐約市，每天與果忍比丘，師徒兩人背著背包行腳於風雪挾雨的大街小巷，晚上則輪流住宿於學生及信徒的家裡，白天不是外出教人禪修，便是尋找能夠讓我們落腳的住處。買房產的念頭不敢動，租房子的能力也極微，因為當時我的身上僅有七百美元。

我們很感謝東禪寺的浩霖法師，不但允許我們師徒掛單，而且還說：「就把東禪寺當作你自己的道場好了。」我們兩人就此在他的孔子大廈，一住四十多天。

結果是在六月初，我們找到了皇后區林邊（Woodside）地方一棟住家的二樓，月租三百八十美元，由沈先生代我們支付了七個月。同年的十月，以四萬五千美元的低價，在紐約市皇后區艾姆赫斯特（Elmhurst）的可樂那大道（Corona Avenue），買進了一棟二層的破舊樓房，沈家楨先生捐助五千美元，應行久夫人捐四千美元，仁俊法師也助了一臂之力，並由我的在家弟子馬宜昌及蔡惠寧夫婦擔保，用分期付款方式，得到一個道場。

一九八〇年一月，我們先從一位房客收回一間房，便正式搬進了這棟建築物。另外兩戶房客，樓上是兩位中國神父，住了半年多始遷出，樓下的店面是一個汽車機件修理廠，一直到一九八

1979年6月，聖嚴法師得護法及禪眾支持，在皇后區林邊租下一層住家的二樓，成立禪中心，始有固定共修據點。

1979年10月，禪中心遷至艾姆赫斯特的可樂那大道，原址為修車店，招牌尚未換下，第二年夏天已開始舉辦禪七。

〇年冬天才搬走。經過全體學生及弟子的整修，至一九八一年五月，這棟房子才完成了開幕及佛像開光典禮。

在美國的法律是保障房客居住的權益，不論有無租約，也不論住了多久，只要房租照繳，便不得令其遷出，房租漲價也有限額的比例，所以有些地區的房主，弄到焦頭爛額，無法維持，只好棄屋而逃。我們對那兩戶原先的房客，雖然請了律師寫了存證信函，也是毫無辦法。總算佛菩薩保佑，在一年之內都讓了出來，真要感謝他們。

另外，我們成立一個非營利性質的社團組織，也相當困難，曾申請兩次，都被紐約市政府打回，第一次是文件不完整，第二次是我們的名稱「中華佛教文化館」的英文，用有 Chinese Culture

（中國文化）的字樣，政府主管部門發覺已有一個天主教的中美文化協會的英文，正好也將「中國文化」連用，故要求我們首先徵得該會的同意。這樣的事，在西元一九八五年，於臺灣申請「中華佛學研究所」立案之時，也曾遭遇到相同的瓶頸，可見，不論異道或同道，不僅希望作「第一」而且但願作「唯一」的人物，大致都會遇到。不過我的原則是：若不能夠據理力爭，便將自己設法變通。故在國內贏得教育部的首肯，在紐約則將Chinese改為音譯的Chung-hwa（中華）。只要堅定信念，勿在阻撓的困難之前跪地求饒，而以努力及毅力來促進因緣的成熟，滴水能穿石，凡夫得成佛。因此我反而要感謝他們給了我歷練的機會。

（一九九一，《金山有鑛》節錄）

# 從一棟破屋開始

我們雖已有了一棟破屋，卻未改善貧窮的困境，除了我從日本帶來的一千多冊書，可謂家徒四壁，沒有桌椅、沒有床鋪、沒有廚具、連打坐的布墊也沒有，於是在每天傍晚上馬路邊拾荒。紐約這個大都會也真可愛，沒有錢去店裡購買，路邊便可撿到我們所需要的東西，包括蔬菜、麵包、水果。直到現在，我們尚有幾樣工具和桌椅是當年從垃圾堆中撿來的。

我們不僅缺錢，也缺人手，在紐約跟我學過禪坐聽過課的東西方人士，已有四千多人，但是美國社會的流動性大，自始沒有離開的基本會員，並不很多。尤其是早期的兩位美籍出家弟子，由於和我生長的社會背景互異，生活習慣不同，彼此學習適應，都得付出很多耐心，我要從如何買菜、煮飯、穿衣、洗補教起，然後課誦、唱念、法器的練習，同時彼此互相學習語文，他們跟我練習翻譯經典，熟悉佛教徒的禮儀以及僧尼的威儀。這兩位青年聰明好學，並且原先已有了中文及佛學的基礎。可是共住兩、三年之後，便分別離開了。東初禪寺因此而遭遇了無人看守的困擾，當我回紐約期間，不會沒有人來，當我回去臺北的時段，曾經幾乎要關門大吉。幸好每當緊急關頭，便會有人進來暫住照顧，在一九八三年至一九八六年之間，先後曾有李佩光、程麗梅、程麗櫻、石昭嫻、茜拉、瑪拉等為東初禪寺常住的住眾。

一九八六年起，加拿大的華僑張繼成居士由於參加數次禪

從零開始的東初禪寺，可謂家徒四壁，桌椅、廚具統統從垃圾堆撿回。圖為1981年5月10日佛誕節暨東初禪寺舉行佛像開光，聖嚴法師撥冗接受電台訪問。

東初禪寺現址為一棟三層樓的舊式磚造公寓，門前即是穿流不息的交通要道；紅塵與淨土，只在一門之隔。

七，便發心在東初禪寺出家，法名果元，畢竟他是中國人，觀念心向都比較容易跟我配合，心理也比較穩定。我們東初禪寺因此進入了另一階段。

自此一九八六年起道場日漸擴展，我漸漸地以在職訓練的方式把一些事務及寺務的工作交給果元處理，為我擔負起來，且於一九八七年及一九八九年間，兩度購進寺舍，第一棟三十九萬美元，第二棟二十九萬美元，皆由他照顧整修。否則我恐怕只有放棄美國道場的一條路可以選擇了。

（一九九一，《金山有鑛》節錄）

附錄一

東初禪寺大事記

# 聖嚴法師與東初禪寺

一九七五—一九八七

**一九七五年十二月**

聖嚴法師取得日本立正大學文學博士學位後，由東京赴美，取道舊金山，再抵紐約，駐錫於美國佛教會所屬的大覺寺。

**一九七六年一月**

聖嚴法師於紐約大覺寺開辦週日靜坐班，指導禪修基礎方法，五月設立第一期禪坐班。

**一九七七年三月**

《禪》雜誌創刊。

**一九七七年五月**

聖嚴法師於紐約長島菩提精舍，主持生平首場禪七。

**一九七九年六月**

聖嚴法師於紐約皇后區林邊第六十八街租屋成立「禪中心」（Chan Meditation Center）。

**一九七九年十月**

購入皇后區可樂那大道一棟兩層樓公寓（90-31 Corona Avenue），進行內部改裝。

**一九八一年五月**

禪中心於佛誕節當天舉行啟用儀式，中文名稱定為「東初禪寺」。

**一九八二年**

於東初禪寺成立紐約法鼓出版社（Dharma Drum Publication）。

**一九八七年十月**

東初禪寺遷址對街一棟三層樓磚造公寓（90-56 Corona Avenue），使用面積比原址擴增約一倍。

# 第二章

# 歐美弘化

我不覺得西方人與東方人有什麼不同之處，人都是相同的，只是不同的地方用不同的語言來表達，除了文化背景不同之外，本性則是相同的。這是由於：佛法不管到哪裡都是一味的，不應該有東方與西方之分。

有人問我：「為什麼要到西方來弘揚佛法？」對我而言，我不覺得我只屬於東方的人。釋迦牟尼佛生在印度，後來印度人菩提達摩卻把佛法的訊息，傳到了中國。現在我覺得西方需要佛法的訊息，所以我就來到了西方。

（二〇〇三年五月二十九日於象岡道場接受《佛法．學者的季刊》〔*Buddhadharma: The Practitioner's Quarterly*〕專訪節錄）

# 禪在美國

首先我要談一談我在美國所見到的禪，但只是關於禪的一些現象，而非禪的本身。如果是禪的本身，那就沒有什麼好說了。

許多人把靜坐、瑜伽、禪、太極拳等混為一談，歸於同類。只當他對佛法或禪宗有了較深入的認識之後，才能開始辨別出這些門派的異趣。在我的弟子之中，僅有四分之一的人，長時間繼續不斷地修行。而我在美國所見到的禪宗道場，能夠長久維持一百位徒眾以上的也相當稀少。禪為西方所知約有九十年，發展得卻很緩慢，能夠開始修行並且持之以恆的人，十分難見。

午齋時我跟凱普樓（Philip Kapleau）老師等幾位正在就這個問

禪修的信心，來自禪修過程中獲得利益或喜悅，且持之以恆。圖為1984年11月11日，聖嚴法師受邀於新澤西州州立羅特格斯大學（Rutgers, the State University of New Jersey）舉辦一日禪。

題討論。我們談到對禪的興趣必須發自內心；當事人必須從禪修之中獲得利益或喜悅，因而養成對禪修切實的信心。然而對一般人來說這是相當困難的，使得修行時斷時續。

就拿我的禪中心來說，有人抱怨道場新鮮感不夠，要改弦更張，增加點新活動，以引起道場內外人士的興趣，吸引更多的人來。我的答覆是：「如果要我不斷地變出新花樣來，花樣總有一天會變完的。比如說，我今天看起來瘦瘦的，那麼明日我是不是該將臉打腫吧？也許過幾天我又該把衣服反過來穿了！」

總而言之，關鍵不在於標新立異，而在於修行人是否能持之以恆地長年修行，並由修行之中產生悅樂的覺受。果能如此，那麼錯過一天的修行，就如同少吃了一頓飯，那才是維持道場的根

1984年11月13日，聖嚴法師（中間著袈裟者）應美籍禪師菲力浦．凱普樓（聖嚴法師左一）邀請，前往其位於紐約上州的羅契斯特（Rochester）禪中心訪問，並舉行專題演說，由保羅．甘迺迪（ Paul Kennedy，法師右一）擔任翻譯。

聖嚴法師經常受邀至各大學或佛學中心演講、指導禪修。圖為1984年4月27日於紐約哥倫比亞大學（Columbia University）東方文化中心演講「從靜坐到禪」。右為法師早期禪修弟子丹．史蒂文生（Dan Stevenson）。

本之計。

太多的社會活動對禪修而言實在沒有好處。早期的禪宗祖師固然主張不要執著於坐禪，但應該知道，當時的修行人多半已打下很深厚的靜坐基礎，而初機修行必須靜坐也是相沿已久的共識。祖師們並未完全捨棄坐禪，只是放下對它的執著罷了。

另外我還注意到一個問題，美國人有動不動就換老師的傾向；他們跟一位老師學習沒多久，又轉到別的老師處，實際上他們並未獲得第一位老師的教法。也許這是美國社會的共同趨勢，就是不停地求新求變，不信你可試到各地的禪宗道場轉一遭看看，到處都是可看到相同的臉孔。因此在美國修禪的總人口比率，實在少之又少。

不知道諸位當中有多少人到別的道場參學過，親近過別的老師？真正的修行人不應該到處跑道場，拜碼頭。我的忠告是，既要修行，就要跟定一位老師，直到他說你可以走了，你在這裡的學業已經終了，你該到別的老師座下參學了。

有人不贊成這種看法，他們喜歡像蜜蜂一樣四處採蜜，吸取各種花的精華。其實，像這樣一處換過一處地跑道場，不是蜜蜂在花間採取不同的花蜜，倒像蒼蠅在一堆堆垃圾之間嗡嗡飛舞，吸取糞穢！留在同一個道場的時間不夠久，便不足以獲得那位老師教法的精要處，那只是在蒐集垃圾。

此外，禪在美國還是新興的幼苗，因此，來自東方的老師雖然不少，不見得都真正有資格教禪。有些人是有資格教，但層次多半不甚高。他們輕而易舉地就印可弟子，弟子也皆大歡喜：「我開悟了，師父印可我了！」此等禪師大多會宣稱，一旦得到印可，一切問題都會消失無踪。但事情的演變通常不如人意，老問題還是在那裡，煩惱無明照樣來。這種人很可能就此放棄修行，因為他們以為如果禪就是這麼一回事，那畢竟沒什麼了不起嘛！故而過去的禪師大抵不輕易許人，因為入門容易的人離開得也容易。所以一般的做法是不輕易放人過關。

「豆腐當寶印」，這是有些禪師對輕易授與印可的禪師之批評。看來美國喜歡豆腐印的人開始多起來了。如果那就是他們所得到的印可，那真是太冤枉了。

（一九八四年十一月十三日講於羅契斯特禪中心，摘錄於《人生》一九八五年十一月刊）

# 東西弘化，同時開展

諸位仁者：

我回臺灣已一個月，但時時都在護念著你們在紐約的諸位仁者。雖然尚未得到你們寄來的消息，甚至《禪》雜誌也未寄到，可是我相信你們都很平安愉快，對於禪中心的護持及自己修行，希望你們要比師父在的時候更熱心。

再過五十多天我就要回紐約了。同時準備安排師父回到紐約之後的各項活動：一、到大學演講。二、打禪七。三、到電台接受訪問。四、佛像開光。（要看地下室的工程是否做好而定，也要看臺灣的信眾辦理簽〔證〕的遲速而定。）

Karen 編的書已經有了新消息嗎？劉奕賜譯的經有出版上的困難嗎？禪中心在各方面有什麼困難嗎？每週日到的人踴躍嗎？

我在臺灣已打了兩次禪七，共計六十多人，全是大專院校的學生，平均年齡只有二十一歲，已有三位受到恭喜，其中包括何士德 R.K 在內。這幾天我在講《維摩經》，每天聽眾近三百人，接著又有一次禪七，三十五人。然後在中國文化大學授課六週，課目為華嚴哲學。回臺北後舉辦冬季貧民救濟，發出白米一萬六千斤，及棉衣、棉被、內衣等，約合美金近一萬元。禪七期中，有四位青年發出家心。祝

諸仁者平安精進

聖嚴 一九八一、二、二十四

# 大叩大鳴，小叩小鳴

我一向認為，「感應道交」是不變的真理，如果孔夫子沒有優秀的門人和他對話，像《論語》這樣的儒典是不可能出現的；如果釋迦世尊沒有傑出的諸大弟子向他請法，像大小諸乘那樣的佛經，也是不容易出現的。此誠如人叩鐘，大叩則大鳴，小叩則小鳴，不叩則不鳴。

我很慚愧，比起儒、釋二家的聖人，不僅不堪喻為洪鐘大呂，甚至連一把小鈴也不是，可能只是一塊頑石吧！所幸我有諸佛菩薩給我啟示、以及一些資質優秀的師友和弟子給我催化，因此使我依據佛法的智慧，解答了一些初機學佛人的疑問。

弘揚禪法，需各種善巧方便。圖為1983年6月12日，聖嚴法師帶領禪眾舉行公園野餐會。

聖嚴法師接受禪眾扣問請法，內容除陸續刊載於《禪》雜誌，也促成*Zen Wisdom*（中文譯為《禪的智慧》）等書出版。圖為1995年7月東初禪寺禪七。

我在西方社會中弘揚佛法，也發行了一份英文的季刊《禪》雜誌（*Chan Magazine*），它的編者和讀者群，同樣希望我能就他們於西方社會的學佛生活中所遇到的疑難，給一些指點。他們有一組人，預先設想了一個一個的問題，每週一個晚上，用兩個小時，坐在紐約禪中心（Chan Meditation Center）的地板上，圍繞著我，輪番發問。

在西方文化中成長的人，畢竟比較直率，對於某一個感到困惑的問題，往往會從各自不同的層面來追求答案，他們不必顧慮適合不適合由我來解答，都會向我發問。有時相當深刻，有時極其敏感，也有時看來比較膚淺，卻又是大家都關心的問題，有時也會出現一些意想不到的、並具有挑戰性的問題。凡此種種，都能使我感到欣喜，甚至會發現我也有大叩則大鳴、小叩則小鳴的反應能力，縱然在平日從未想到過的答案，竟然會從我的口中流露出來。因此，我對那段日子的 Dharma View（法見）小組集會，直到現在，依舊記憶新鮮。

（二〇〇三年四月二十四日寫於象岡道場，節錄）

# 打開了一扇窗

要向西方人弘揚漢傳的佛法，是我到西方來的宗旨。由於我的語文能力不夠，好在有幾位弟子相當發心和優秀，總算打開了一扇窗戶。今天在西方談起佛教，似乎只有西藏的密、日本的禪、南傳的內觀禪毘婆舍那（vipassana），漢傳佛教在西方人的環境中，雖然不能說是我一個人在孤軍奮鬥，但是能向西方人弘揚佛法的人才實在太少。據統計，藏傳佛教的英文著作，已有兩千多種在國際市面上流通，漢傳佛教的英文著作，卻是鳳毛麟角。

我個人是已經盡力，一部一部地，總共出版了十本英文著作。所以談起漢傳佛教在國際佛教的舞台上，是非常孤獨而寂寞的，這也就是我還需要來美國的最大原因。

（二〇〇〇，《兩千年行腳》節錄）

我們這個團體，除了硬體建設之外，出版的英文著作已有十多種，除由「法鼓出版社」出版，另有歐美其他聞名出版社為我出書，因此使得我這種英文程度的人，還能經常不斷有英文的書出版，讓世界各地知道有個聖嚴法師，而紛紛邀請我去主持禪七或是演講。

最主要的橋樑，就是通過我的英文書，或者第三語文的翻譯，而讓世界各地的禪眾來到美國跟著我修行。他們跟了我修行以後，又邀請我到他們的國家去，在歐美各國均是如此，一路都

聖嚴法師（右）的英文著作，多由禪修弟子主動將其開示譯成英文，在西方社會發行。早年經常為法師擔任英文翻譯的王明怡居士（左）即是其一。

是這樣走來的。

而我之所以走到現在，就是一個信念：我要把我所知道的佛法觀念和方法，奉獻給人；只要有人需要，我就提供。

（二〇〇一年五月一日講於象岡道場）

果元法師（台上右立者）出家後，曾任聖嚴法師侍者、英語翻譯，以及東初禪寺和象岡道場住持，經常隨著聖嚴法師赴歐美各國指導禪修。圖為1989年1月6日，聖嚴法師應德州大學奧斯汀校區（University of Texas at Austin）邀請，演講「禪與人生」。

約翰．克魯克博士（聖嚴法師後方立者，1930-2011）是聖嚴法師首位西方法子。1985年香港行，意外發現聖嚴法師的英文著作《佛心》，從此發心隨法師打七，深入漢傳禪佛教。圖為1992年4月23日，聖嚴法師、克魯克博士及禪眾於威爾斯禪七合影。

# 歐洲播種

記得一九八六年五月底，紐約禪中心的一次禪七中，有一位約翰．克魯克博士（Dr. John H. Crook），是英國布里斯托大學（University of Bristol）的心理系教授。因他在香港旅行時，看了我的英文著作《佛心》（*Getting the Buddha Mind*），便決心到紐約參加禪七。打完禪七，他感到非常歡喜，不僅希望再來幾次，同時盼望我能去英國，為他的朋友們舉行一次禪七的修持活動。

這次禪七的所在，是克魯克博士在十五年前以兩千英鎊買進的農舍，占地不到一英畝，據說現在已值三萬英鎊，將近十萬美元。該處共有三棟房子，其中兩棟是羊舍，而克魯克博士只擁有兩棟房子的所有權，一棟住人，上下兩層不足五百平方英尺，原本供他孩子做度假別墅，後來做為他自己修行或寫作用；另外一間是羊舍，也分作兩層，下層是關羊的，上層堆集牧草和飼料。

這次一共到了二十個人，他把我和我的兩位隨員安置在樓上後邊兩間小房，禪七期中也兼作小參室，樓上的前面兩間小房做為禪堂和女眾的夜間臥室。樓下是起居室、餐廳和廚房。十位男眾和兩位女眾，都住在羊舍上層的草堆上，主人克魯克自己則睡於羊舍的下層席地而臥，唯此羊舍已不畜羊。最難以想像的是，羊舍屋頂會漏雨，牆壁會透風，當然也無法生火取暖，那些英國佬卻能住得甘之如飴，使我十分感動。

西方社會的學佛風氣，最早是由知識分子所推動，現在這種

聖嚴法師應英國禪眾約翰．克魯克博士之邀，自1989年起，四度前往英國帶領禪修。圖為1995年6月3日威爾斯禪修一景。

形式尚未改變。另一種特別明顯的趨勢是學科學的知識分子較易接受佛法和禪的修行，倒是一般研究文史哲學的人士，多少會帶有先入為主的偏見，換句話說，他們比較難以接受佛教，也比較不易投入佛教修持生活的體驗。這種趨勢何時能夠改變尚不得知。據克魯克博士的考察，學科學的人之所以容易接受佛教，是因為佛教與科學的尖端發現不相違背，實際上是彼此呼應；不過科學僅及於物質的分析考察，而佛法的修持深及於心靈世界的無限開拓。一旦科學不能滿足視野之時，接受佛教從事禪法的實踐，是非常自然的事。

這次在英國的禪七，除了三個中國人和克魯克博士之外，其他都是第一次接觸我的新人。因為他們來自不同的宗教背景，具備不同的修行基礎，不能期望他們對我所教的方法和佛法的正確觀念毫無條件的接受，所以在觀念上和方法上都是由淺而深，由有而無，從執著而到不執著，層次分明。我所用的基本教材是釋亡名的歌偈〈息心銘〉，其字裡行間富有若干程度的道家色彩，我卻把它講成初心學禪的人都能懂得而且願意接受的修行方法指導原則，最後講出《六祖壇經》所標示的：「佛法在世間，不離世間覺，離世覓菩提，恰如求兔角。」也就是修行佛法應在人間，修成之後還在人間，強調佛法的人間化，不離世間而得心的自在。我在禪七中指導大家的修行三原則是：一、孤立，二、獨立，三、不執著。

（一九八九年五月十八日寫於東初禪寺）

## 初傳菩薩戒

當我這一次回到美國之初，就有人告訴我，美國的東西兩岸各有道場在今（一九九一）年的年底傳授菩薩戒。東初禪寺是否也考慮傳授菩薩戒？免得本寺的信眾長途跋涉至外州，甚至跑回臺灣求受菩薩戒。接著又有一位冰島的居士說他曾經在日本禪宗的中心受過菩薩戒，那是做為一個禪修者應該接受的一項儀式。又有一位西藏來的喇嘛，他是達賴喇嘛的剃度弟子，也是他的漢語翻譯，丹增諦深法師，跟我談起藏傳的喇嘛，不受比丘戒可以，不受菩薩戒的沒有。

我也知道，中國的菩薩戒要求得相當嚴格，而且能夠全部遵守的很少，不論是受《梵網經》的十重四十八輕或是《優婆塞戒經》的六重二十八輕，都是相當困難。可是，日本的佛教徒，自從他們天台宗的創始祖最澄傳教所傳的「圓頓菩薩戒」之後，日本不論是哪一宗都受菩薩戒而沒受比丘戒。實際上他們是以《梵網經》的十重戒為藍本，但是，不要求素食，也不要求戒酒，而說：飲酒不及醉不算犯戒。所以他們的目的是在發菩薩願。至於西藏的寂天菩薩的《入菩薩行論》有菩薩戒的十八根本墮，十八條根本戒，那是在根本的五戒之上增加的，比較具體而不像《梵網經》和《優婆塞戒經》那樣的有許多的要求和規定。主要的是對於菩提心的培養和三寶的恭敬及對佛法的尊重。

比較起來，中國漢傳的菩薩戒不能說它不合理，應該說它比較地難於遵守。可是做為一個大乘的修持者與弘傳者，怎麼可以不發菩薩願？不受菩薩戒？這使我考慮了幾天之後，為少數幾位有心的居士們傳授菩薩戒，並且有意把重點置於菩薩的三聚淨戒的精神為中心。

消息傳出之後，陸陸續續有人報名，我們也準備向臺灣訂購海青和縵衣。正好東初禪寺的會員江果華居士要回臺灣省親，她便自告奮勇負責洽購和攜帶返美。第一批三十多套以為只有多不會少，到了十一月下旬又增加了二十多位，正好趁東初禪寺的董事龔果高居士因公回臺灣接洽商務，又請他帶了三十多套，認為是綽綽有餘。結果到了受戒的當日，也就是十二月二十二日，參加求受菩薩戒的東西方男女居士竟達八十八位，這事大大出乎我

經過改良的法鼓山菩薩戒授戒儀範，1991年率先於東初禪寺試辦。圖為1997年12月9日，北美第二屆菩薩戒正授儀式圓滿後，聖嚴法師與戒子（部分）合影於東初禪寺。

的意料之外。

我在開示受菩薩戒的意義之時特別強調：許多佛教徒都希望自己早日成佛，成佛的開始就是先學做菩薩，發菩提心。如果一邊想要成佛、想學菩薩，另一邊又不願盡菩薩的責任，學佛的身、口、意三業的行為，這是非常奇怪的事。同時我又開示大家不要怕受了戒會犯戒，不要以為不受戒做壞事沒有罪過，受了戒做壞事才算是有罪過。這好像學開車，為了害怕不能馬上學會停車，不會馬上上高速公路，就不學了；另外也比如沒有宣誓成為美國公民，卻既能享受美國社會的福利，而做了壞事又不會受到美國法律的制裁，這是可能的嗎？

因此說明，受菩薩戒，只要我們發菩薩願，行菩薩道，知道什麼是不應該做的事，什麼是應該做的事，應該做不做就不是菩薩的精神，不該做而做更不是菩薩的精神。這兩者都是犯了菩薩戒，應該警策自己，應該懺悔，時時如此，常常如此，我們的人格就會愈來愈健全，持戒也就愈來愈清淨。須知做壞事不會因為沒有受戒就沒有罪，反之，如果受了菩薩戒一定會減少做壞事的次數，增加做好事的次數。這是非常值得的。這好像從嬰兒開始，想要學著走路，總要經過站起來，跌倒，站起來，又跌倒，一次一次的過程，才能成為走路不倒，而且走得快、跳得高的成年人。

（一九九二，《東西南北》節錄）

## 象岡道場

說起紐約上州的道場，其實已經物色了五年多，原因是現在紐約市區的東初禪寺，已不敷使用，每次禪七，報名人數愈來愈多，我們限於空間太小，只能接受三十人以下，許多人經過幾次報不上名，就不再來了。同時，市區道場的用途是多元化的，故也無法連續舉辦禪修活動，這就促使我們不得不向郊外去尋找適合的地方。

原則上希望房屋要寬大夠用，地點要不超過一小時至兩小時的車程，環境要有山、有水、有平地、有草、有林、要安靜，價錢不能超過我們的財力負擔，最好是有哪一位菩薩發心捐出我們

象岡道場位處平緩的丘陵地上，視野開闊，雖然地勢較高，卻不會予人一種置身山上的感受。

需要的房地產來。這樣多的條件之下，果元師和我，經常被房地產仲介商的電話喊來喊去，不斷地在紐約的上州、新澤西州、賓州、康州，來來去去看地找房子，看得上而又談得攏的太難了。到了前（一九九五）年秋天，終於在紐約上州找到一塊勉強可用的農莊，只有二十英畝，花了訂金，花了律師費，尤其花了大筆的規畫設計費，結果發現沼澤的面積太大，不能使用而解約了。目前這塊土地，幾乎都合我們的條件，竟遇到好事多磨。直到六月三十日，總算已在一波三折中買到了手。

（一九九九，《空花水月》節錄）

## 白色的山

象岡這地方在我們到來之前，原是天主教女青年會夏令營的場地，最初有四棟房子，即今禪堂、齋堂、接待中心與僧寮這四棟。雖有四棟房子，冬日卻只有一個地方可住人。我們來了以後，先把廚房和餐廳改作禪堂，把接待中心易為齋堂，再各別加裝暖氣設備。可是添加暖氣設備也不是那麼簡單。這兩棟房子的窗戶原來都是空的，窗台上只架了鐵絲網，沒有玻璃，功用是在攔阻飛鳥和松鼠。如此，鳥兒飛不進來，松鼠也入不得，可是嚴冬風寒與夏暑蚊蚋則奈何不了，這對我們要辦禪修、要辦活動都有問題。因此花了好幾年時間把兩棟房子重新整修，做了補強，使之冬暖可用，夏則可防蚊蟲。

之後，又陸續改建僧寮，增建方丈寮及兩棟宿舍。僧寮所在原來是一戶人家，方丈寮則是我在象岡的生活起居處。方丈寮的造價很惠實，我們出資一部分，建造商也發心護持，我們也給建造商開了一份收據，感謝這份護持的大功德。兩棟宿舍則是兩層樓建築，每棟可住四十人，共可住上八十人。

象岡這地方，什麼都好，就是找錢不易，必須辦活動來維持。活動辦得好，參與的人多，經費也會跟著來。目前象岡是隸屬於 DDMBA（Dharma Drum Mountain Buddhist Association，美國法鼓山佛教協會），由 DDMBA 委託 DDRC（Dharma Drum Retreat Center，法鼓禪修中心）來經營。實際上這兩個組織都屬於法鼓

經整修、增建之後，象岡道場已具國際禪修中心規模，現為法鼓山北美主要禪修道場。

山，一個是募款組織，一個是執行體系，區分兩者是為了作業的單純化。目前已試辦一年多，雖有一些小狀況，大致上滿順利的。

至於象岡這塊地，是分前、後兩次買進。首次購地八十餘英畝，後再增購四十英畝地，規模已經不小。這裡有平原，有森林，有湖泊，還有一塊地當作停車場，將來這地方如果有人種田，那可真好！象岡也是動物的天堂，冬季只可見鹿與麻雀兩種動物，但是一入春夏，各種各樣的動物都出現的，好熱鬧！有一種叫作「紅衣主教」的鳥類，經常可在象岡驚鴻一瞥，事實上天主教神職人員紅衣主教身上穿的僧袍，就是根據這種鳥類的華彩而來。

入夏的象岡，還有狼熊族群的出沒，最常見的是土撥鼠和鹿群。尤其鹿群，白天見到並不稀奇，夜晚以後，更是成群結隊出遊。不要以為鹿是很溫馴可愛的動物，見到牠們就想親近，要當心鹿蝨！凡是鹿群所經之處，往往路上就有鹿蝨，一不小心給鹿蝨黏上了，那可不是好玩的事。

「象岡」一名，是從當地印第安語 Shawangunk 而來，意指「白色的山」。此地的岩壁都是白色的，我取其相近諧音，稱為「象岡」。佛教常講「法門龍象」，現在有了「象岡」，還少了一個「龍岡」。這幾年象岡周邊的房地產漸漸漲了，有愈來愈多的城市人嚮往上州的鄉居生活，相繼當了我們的鄰居。美國人很有意思，有一些人退休以後，冬日搬往邁阿密住，夏天便飛來紐約東部避暑；上州這裡的氣候，平均要比紐約市區低個五、六度，非常怡爽。而象岡的地勢雖然較高，但因位於一處平緩的丘陵地上，所以並不會給人一種置身山上的感覺。

但是，這裡的生活還是有點不便，主要是飲水問題。這裡沒有自來水，井水則含過多的礦物質，不可生飲。我們的飲用水都是買來的，就是這點不便。但是住在象岡很安全，鄰居彼此都認識。如果是新搬來的成員，居民會特別打量。就像我們初來之時，鄰居有點不放心，因為在他們來講，這群人全是生疏的面孔，而我們辦活動時，往往一時擁入數十人，乃至上百人，這令他們更緊張，不知道這群陌生人究竟在做些什麼？因此，為了尊重淳樸的民風，我希望日後到象岡的菩薩，不論參與任何活動，

居一切時不起妄念
於諸妄念亦不息滅
住妄想境不加了知
於無了知不辨真實
圓覺經句

象岡禪期終年不斷，活動多以漢傳禪佛教的修行傳承為主。2009年2月聖嚴法師圓寂之後，禪修帶領由其弟子繼起，一師一門，同心同願。圖為2006年11月24日至12月3日，聖嚴法師於象岡道場主持話頭禪十，右為英譯弟子俞永峯（果谷）。

活動期間都不要超出我們自己的場地範圍，其實象岡的場地已經不小，空間是絕對充足的。

我也在象岡完成了《華嚴心詮》、《五百菩薩走江湖》等書。我的書和參考資料在這裡都很完整，但是現在沒辦法繼續寫了，沒時間，也沒體力。寫書是需要耗費體力的一樁事，而且需要連續地寫，沒有體力是不行的。

象岡有一面湖，非常珍貴。這地方原來並沒有湖，而是一座天然山谷，山谷旁淙淙流水，自成水路。不知道從什麼時候開始，這裡被築起了水壩，漸漸漸漸，蓄成了現在的這一方湖水。湖底生態相當豐富，春天時，湖邊繁花盛開，真是好美；入秋以後，湖濱林相繽紛多彩，黃的、鵝黃的、金黃的、紅的、淺紅的、深紅的、暗紅的，各種色澤，多麼美好！

在象岡，隨時隨地都可以入畫，任何一個取鏡，拍出來的照片都像是油畫一般，就像是人間仙境。

（二〇〇六年十月二十六日講於象岡道場）

# 漢藏佛教世紀對談

一九九七年五月二十四日，在紐約莊嚴寺大殿落成，以及大佛開光的典禮上，請到了二十位來自臺、港各地的華僧長老，共同主持開光儀式；達賴喇嘛與我，也都是其中的一位，因此有緣從臺北見面後，時隔一月，和達賴喇嘛再度相遇。當時雖然未有機會個別交談，但在同桌的午齋席上，彼此交換了好幾項意見的看法。

到了七月中旬，西藏之家（Tibiet House）的舒曼博士（Robert A. F. Thurman）計畫邀請達賴喇嘛，於今年度再度來到紐約，為他們的新道場主持開幕儀式。因此，想到要找一個華人的佛教團體，共同跟他合辦一次達賴喇嘛的弘法大會。由於因緣的聚合，主動地找到了我們法鼓山的美國分會。當時我人在臺灣，經果谷師向我勸說，而於七月十五日回覆同意。而舒曼博士也贊同果谷師的建議，計畫在法會的最後一天，安排我和達賴喇嘛，做一場破紀錄的漢藏佛學對談。

（二〇〇〇，《兩千年行腳》節錄）

（一九九八年）五月三日下午二點，是這次大會的最大焦點，華人聽眾及西方聽眾們都期待著，聽一聽漢藏佛教的共同點是什麼？差異點在哪裡？特別令人好奇的是，佛教雖有各宗各派、大乘小乘、南傳北傳、顯教密教，但是在這二千五百多年以來的佛教史上，只有發生其他宗教或者是君主的政權摧毀佛教、壓制佛教，還沒有發現過兩個不同的佛教教派之間，互相殘殺、發動戰爭的記載。這究竟是什麼原因？如果彼此沒有矛盾衝突，為什麼又要分宗分派、分大分小、分顯分密呢？而在東方也好、西方也好，漢藏兩個系統的佛教徒們，似乎相處得非常融洽，並沒有讓人感到分河飲水、彼此對峙、互不相讓的氣氛。

其實，漢、藏兩個佛教系統，雖然各有傳承不同，地理環境和文化背景也不一樣，也不可能完全沒有爭執，但是，有一個基本原則，一定相通，那就是緣起的性空思想、濟世的慈悲觀念，不論哪一派都不會不遵守，否則就不是正知正見的佛教。雖然在解釋運用方面，彼此互有出入，偏重偏輕；當一旦提到緣起的空

1998年5月3日，聖嚴法師（左）與十四世達賴喇嘛在紐約玫瑰廣場（The Roseland）舉行的漢藏佛教對談，轟動華人社會，也影響了世界佛教。

性和無我的慈悲時，彼此就會互相肯定，互相尊重。在過去，由於民族的風俗習慣有差異，以及所處環境地域有距離，所以互通聲氣的機會不多，因此，造成一些不必要的誤會和猜疑。

這次的對談，並不是我接觸藏傳佛教的第一次，我也不以為這是一次高難度的考驗，或者是彼此要爭一個你勝我負的較勁場面。我相信彼此會在存異求同的原則下，互相接觸砥礪，把正確的佛法發揚光大，所以應該是非常輕鬆、愉快、和諧、溫馨的對談會。

當達賴喇嘛開始做回應時，首先說：「聖嚴法師是我的老友，他是一位很有學問的修行人。」這是從他口裡第二度聽到對我這樣的讚歎，然後又說：「今天是我第一次正式跟一位漢傳佛教的阿闍黎直接對談。」事實上，他跟佛教其他各系各派的學者們，有過很多對談的機會，甚至跟佛教以外的其他宗教領袖們，也有過不少對談的經驗，唯有跟漢傳佛教的法師們是第一次。

我想這不是單方面的原因，過去達賴喇嘛對漢傳佛教，包括臺灣海峽兩岸，長期以來都沒有機會作深度的接觸。其次在漢傳系統的佛教徒們，也沒有想要做這樣的活動。因此，我有很多朋友們總認為這樣的對談就是辯論，就要分個你大我小、你高我低、誰輸誰贏，好像玄奘大師在那爛陀寺與中、百論宗的大德舉行辯論會那樣；或是像漢藏佛教史上，在第八世紀末（西元七八〇年——七九二年之間），曾有一位大乘和尚到西藏弘傳頓悟的禪法，而被印度寂護的弟子蓮華戒，找著辯論一樣（可參考東初出版社出版的《大乘二十二問之研究》）。事實上，今天這個時代，不需要存有這樣的顧慮；能有機會彼此尊重，互相欣賞，多一些交流溝通的機會，才能夠使得佛教，在世界上形成國際的統一性；才能夠使得整體的佛法，以大同小異的步伐走遍人間。

（二〇〇〇，《兩千年行腳》節錄）

## 聯合國世界宗教暨精神領袖和平高峰會

這是聯合國成立五十五年以來，第一次盛大召開世界宗教領袖會議。由於現任聯合國祕書長安南（Kofi A. Annan），有鑑於政治的紛爭和民族的衝突息息相關，其間宗教的力量也不可忽視，希望藉著宗教的信仰和愛的精神，來完成世界和平的目的。因為沒有一個宗教會承認他們自己所信的神是殘暴的，是希望殺人的，是願見人類毀滅的。雖有無數的教派，各有不同的信仰，但是熱愛世人的原則，應該是相同的。如果各宗教之間以及各宗教內部，都能和諧相處，敵對的政治團體和不同的國家及民族之間，所謂宿怨世仇，也會自然消弭。因此，透過一個聯合國的外圍宗教組織，國際宗教中心（Interfaith Center）的創始人巴瓦．金先生（Mr. Bawa Jain），承辦這項「千禧年世界宗教暨精神領袖和平高峰會」（The Millennium World Peace Summit of Religious and Spiritual Leaders），並且請他擔任祕書處執行長。

這一場盛會籌備了一年多，去年夏天，美國的新聞媒體就有了相關的報導，說這是空前的高峰大會。我雖然是在臺灣接到邀請函，主辦單位則希望我以美國的身分出席。

我之所以受到大會的重視，除了演講內容有新意，也因為我既有文學博士學位又是國際知名的禪師；我有十來種英文著作，並被譯成十多種語文，在歐美各國出版；我曾參與幾種英文禪學及佛學論集的寫作，例如一九八八年 Grove Press 出版的 *Zen:*

2000年8月29日在紐約聯合國大會堂召開的「世界宗教暨精神領袖和平高峰會」，聖嚴法師以漢傳佛教宗教領袖身分出席，並發表致詞。

*Tradition and Transition*，特別是一九九九年 Wisdom Publications 出版的 *Buddhist Peacework* 中就有我的文章，目的就是寫給聯合國參考的；我在美國有兩個道場及兩份英文刊物，讀者遍布全球，還有一個近百萬人的法鼓山團體做為背景。也許還有一個條件，一九九八年，我在紐約和達賴喇嘛舉行過一場世紀性的漢藏佛教公開對談，於當今世界佛教領袖之中，有這項紀錄的不多。

這一次高峰會議的第一天，也就是八月二十八日的下午，是正式在聯合國的大會堂舉行的開幕典禮。除了執行長巴瓦·金致開幕詞之外，還有各宗教領袖的祈禱詞，及宗教團體代表的讚頌歌，一共有三十五個團體和個人。宗教氣氛非常濃厚，讓與會者分享到各宗教對於世界和平的希望和祈禱的心願。例如中國道教代表閔智學、韓國天台宗代表、西藏佛教代表、日本佛教代表等，都是各派的大宗教師和各國代表性的宗教團體。

二十九日，也是在聯合國大會堂，進行了一整天的全體大會，主要是各宗教領袖的演說，中間也穿插各宗教的祈禱。一共分為四個場次，每一個場次都有十至十五人的演說者及祈禱者，每人的時間為五至七分鐘，其中也有以團體的數人乃至十數人一起上台祈禱的。我是在第一場次中擔任主題演說。

（二〇〇一，《抱疾遊高峰》節錄）

# 臺灣信眾到美國探源

二〇〇一年四月二十八日馬來西亞弘法結束回到了臺灣之後，二十九日又有一個八十人的護法團隨我飛到美國，在象岡道場為他們舉行二日禪修的活動。這些人多半沒有去馬來西亞，而是專程來到美國，所以二者性質完全不同，前者是組團隨我去做聽眾，後者則是為了要看看法鼓山的美國道場，究竟長成什麼樣子。

打從他們到了美國的第一天，看到坐落在市區的東初禪寺，是那麼地簡單，連師父的小房間在內，都沒有床鋪。到了象岡之後，發現他們也必須用自己攜帶的睡袋席地而臥，不僅沒有床

東初禪寺是集眾人心力、物力與智慧而建成，對佛法的推動和世界的貢獻，均同等重視。圖為1990年5月6日佛誕節，仁俊長老（右）蒞臨禪寺與聖嚴法師（左）共同主持浴佛節法會。

鋪，沒有套房，甚至也需要睡在客廳的地板上。

因此就有人問：「師父在美國，為什麼會這樣的簡陋窮困。」我說：「因為不可能向美國人募到多少錢，我們辦活動收的費用，只能夠支付活動本身，其他都是靠零星的捐款。到現在為止，在經濟方面支援我們比較大額款項，累計超過一萬美金以上的，大概不會多於三十個人。其中也只有一位是支持較多的，我們每次增購房屋，都是向他無息貸款，然後由他分月捐款，我們再分別開出收據，直到他的捐款全數抵了我們的借款，就算結帳。我們也不敢予取予求，所以經常都在捉襟見肘的狀況下，慢慢地經營和發展。原則上，我們絕對不用臺灣的捐款來支援美國的道場，相反的，倒是我們會將美國募得的款項寄回臺灣，做為

東初禪寺創建以來，雖然經常處於捉襟見肘的景況，尚能自給自足，絕不挪用臺灣信眾的捐款。圖為1988年5月22日，東初禪寺成立十週年暨遷入現址後第一個佛誕節，現址三層樓建築完成裝修，正式啟用。

1989年5月，東初禪寺參與全紐約市佛教界舉辦的佛誕節遊行，中西方人士透過節日活動，一同將佛法廣傳至西方社會。

法鼓山的建築費用。

這使得臺灣來的信眾們非常感動，有的希望能夠給象岡布施不足的工程費用，卻被我婉言拒絕。目的是不希望因此而影響臺灣所需要的募款情況，更不希望向同樣的信眾重複募款，以致造成他們太重的負擔，同時也希望美國道場能夠在艱苦的狀況下，自給自足；因為我知道，道場經常沒有錢才是最健康的，而我這個人就是在這種狀況下走過來的。

我在象岡道場的禪堂告訴他們，這次的美國之行，應該是為法鼓山尋根，這使得大家感到相當驚訝，但卻又是事實，所以大家都覺得是不虛此行。尤其我也帶他們到莊嚴寺，拜訪了沈家楨居士，他們並且異口同聲向沈老說了一句非常感恩的話：「謝謝沈老居士，給了我們這麼好的一位師父。」相信大家都已經知道，這是為了什麼！

我告訴他們諸位，到美國這裡，才是真正的探源之行，那是因為當我留學日本的時候，在經費上支持我最多的人，是在美國的沈家楨先生。我在日本學成之後，並沒有引起國內對我的重視，但是卻被美國佛教會沈家楨先生聘請到了紐約，擔任大覺寺住持及美國佛教會副會長，同時學習英語，開始在美國弘揚佛法，然後完成初級、中級、高級的禪修課程和禪七的模式，帶回了臺灣，才被肯定接受而發展成今天臺灣也有推廣禪修的空間。

我也是先到了美國，才被國內文化大學聘請擔任佛學研究所所長；經過改良的菩薩戒授戒儀範，也是我先在美國東初禪寺開始傳授的；四十九天的默照禪七，亦由象岡道場奠定其內容。即使是「法鼓山」的命名，也是一九八二年我先在美國成立了法鼓出版社（Dharma Drum Publications），到一九八九年，才有臺灣法鼓山的那塊土地和我們現在的團體。因此我要說，他們是來美國為法鼓山做探源之旅的，這使他們感到此行的意義，真的不同尋常了。

（二〇〇三，《真正大好年》節錄）

附錄一

東初禪寺大事記

# 聖嚴法師歐美弘化

一九八九——二〇〇六

**一九八九年四月**

聖嚴法師應禪眾約翰・克魯克博士之邀，首度赴英國威爾斯主持禪七。

**一九九一年十一月**

藏僧丹增諦深至東初禪寺向聖嚴法師請益及對談漢藏兩系法義同異，對談內容，經整理出版《漢藏佛學同異答問》一書。

**一九九二年十月**

聖嚴法師前往歐洲捷克、比利時弘法。

**一九九三年五月**

聖嚴法師於東初禪寺為首位西方法子——約翰・克魯克博士舉行傳法儀式。

**一九九七年五月**

聖嚴法師應波蘭佛學團體Buddhist Mission之邀，前往波蘭弘法及主持禪修活動。

**一九九七年五月**

聖嚴法師應禪眾查可・安德列塞維克（Žarko Andričević）邀請，前往克羅埃西亞弘法及主持禪修活動。

**一九九七年十月**

國際知名禪師越南籍一行禪師，率領弟子一行四十多人訪問紐約東初禪寺並掛單三天。

**一九九八年五月**

東初禪寺與美國西藏之家合辦「文殊菩薩智慧法門——漢藏佛教世紀大對談」，邀請聖嚴法師及達賴喇嘛，於紐約玫瑰廣場（Roseland）舉行公開對談。

**一九九八年八月**

聖嚴法師應俄羅斯佛學社團「佛法中心」之邀，前往聖彼得堡弘法及主持禪修。

**一九九九年四月**

聖嚴法師應德國佛學團體「柏林佛學社」之邀，前往柏林弘法及主持禪修。

**二〇〇〇年五月**

聖嚴法師首度於象岡道場主持默照禪四十九。

**二〇〇〇年八月**

聖嚴法師應邀出席於紐約聯合國總部大會堂召開的「千禧年世界宗教暨精神領袖和平高峰會」，並發表主題演說。

**二〇〇〇年七月**

聖嚴法師第四度受邀，前往英國弘法，並主持禪七。

**二〇〇一年十月**

聖嚴法師應禪眾蘿拉（Laura Del Valle）女士之邀，前往墨西哥弘法及主持禪七。

**二〇〇二年一月**

聖嚴法師應邀出席於美國紐約舉行的「第三十二屆世界經濟論壇會議」，並於宗教領袖會議上，提出「四環」主張。

**二〇〇四年四月**

聖嚴法師應瑞士「碧坦堡（Beatenberg）禪修中心」之邀，前往瑞士弘法及主持禪七。

二〇〇六年十月

聖嚴法師最後一次紐約弘法。

# 第三章 回到原點，開創未來

我們都同意禪中心存在，它存在於我們的心，也以紐約的一棟建築而存在。在你來之前，禪中心已經在這裡了，但你一旦在禪中心裡，它就不再存在了，明白嗎？如果你說它依然存在，那就拿給我看。你也許會指著牆、佛像、地毯、廚房、甚至指著我，但那些沒有一樣是禪中心。

當你不在這裡時，禪中心是紐約市艾姆赫斯特區中一條街上一個有門牌號碼的房子，但一旦你進入其中，它就消失了。那些成佛的人可以說就是在成佛的建築裡，對他們來說，沒有成佛這件事。然而對外面的人來說，是有佛可成的。

（《禪無所求》）

H'AN MEDITATION CENTER
禪寺
得心自在
CH'AN MEDITATION CENTER

# 將佛法傳到西方社會

東初禪寺是在一九七九年，從皇后區林邊的一個小閣樓開始，後來搬到現址對面，即是可樂那大道九〇一三一號。漸漸地，參加的人數愈來愈多，特別是在打禪七的時候，只能容納二十多人，於是在一九八七年遷至目前的所在地：可樂那大道九〇一五六號。但是，不久之後，又不敷使用，於是我們天天想著，希望將隔壁的房子買下，兩邊打通，可是鄰居們就是捨不得賣給我們。

一九九七年，我們在上州的象岡購置了一塊地，原來是基督教女青年會的夏令營場地，我們的目的是用來修行。因為我到美

精進，意味著持續不斷地認真修行。圖為1987年5月，聖嚴法師帶領禪眾課誦迴向。

聖嚴法師期許正信的佛法，能在西方社會生根。圖為1997年10月，梅村正念禪修中心創辦人一行禪師（左）來訪東初禪寺，並出席聖嚴法師（右）所著*Complete Enlightment*（中譯本為《完全證悟》）新書發表會。

國來，就是要將中國的禪法弘揚至西方，能夠使真正的佛法在西方社會生根。我不是僅僅為了建個寺院，讓人們求籤、燒香，許願、吃齋，這些工作在中國城已經有許多人在做，做得非常好，也非常有用。而是想找一個修行的場所，不但自己修行，也教西方人修行。所以我到美國的主要目的，是為了將佛法的修行方法，傳播到西方的美國社會。

起初我也曾考慮到：是否在華人集中的區域成立道場，可是華人一多，西方人就進不來了。在二十五年前的皇后區，華人是很少的，現在華人漸漸多了起來。在這個時期，也常有華人要我來適應他們，將這裡變成像中國城一樣的廟宇，但總是被我拒絕，我的目的還是要做個禪修中心。因此，我每到一處，都會考慮到能讓多少人來聽講、打坐。

目前東初禪寺只能容納三十六位禪眾修行，西方人增加的不多，而東方人卻愈來愈多了，於是設法到郊外找尋更大的禪修道場。雖然購買象岡道場的錢，是由我們慢慢節省而得，而主要的錢都是華人支助的。我很感恩弟子們支持師父的悲願，與師父共同將佛法傳播至西方社會。

在美國什麼都不缺，缺的就是佛法，自願接觸佛法的西方人還是極少數的，他們多半不是有錢、有地位的人，然而他們在心靈上很需要接觸佛法，所以在西方弘法，必須具備付出、奉獻的條件。

今天在座的諸位之中，西方人很少，東方人卻很多，今天這

東初禪寺一路走來，歷經遷址、成立象岡道場等過程，目的總為使更多的人接觸禪法，精進生命的修行。圖為1987年12月24日至1988年元旦，東初禪寺跨年禪七。

些話都是講給我的東方護持者聽的，希望大家能了解、體諒師父在美國這個地方為什麼要這麼做，也希望諸位能學一學師父的悲願心，不要老是想到自己個人的利益，如果能將利益分享給西方社會的人士，對佛法的推動是一回事，而對世界的貢獻則是相當大的。

（二〇〇三年十一月二十七日講於東初禪寺，節錄）

## 法鼓山國際中心

諸位也許知道，東初禪寺的現所，除了是法鼓山在美國的分支道場，也是美國法鼓山佛教協會（DDMBA）成立的借址，但是將來，我們會以 DDMBA 名義申請 NGO 非政府組織，法鼓山全球中心就在紐約。也就是說，東初禪寺現在是法鼓山總本山轄下的分支道場，未來則是全球法鼓山的國際中心。

除了把法鼓山國際中心置於紐約，此外，以美國為中心的禪修活動，以「心靈環保」為主軸的「四種環保」理念，以漢傳佛教為基礎推廣的世界佛教等，都將以這處紐約市中心的道場為據點，讓美國當地菩薩及全球西方人士都能受惠，同享法益。特別是如我所說，DDMBA將以此為全球法鼓山的國際中心來使用，來發揮，來接引，來推廣，為此我們必須募款。

至於募款的成效如何？也就是說諸位的奉獻與護持，如何能有回收？我告訴大家，法鼓山的國際中心在紐約，而法鼓山培養三大教育人才的地點在臺灣。

如此一來，法鼓山培養的人才濟濟，人才的後援在臺灣，全球國際中心則定位美國，這對美國當地華人或者西方人士來說都是好消息，往前看都是非常有希望的。

（二〇〇七年五月十九日錄影開示節錄，《二〇〇七法鼓山年鑑》）

## 期許成為西方社會弘化重心

「東初禪寺」這個名字是對華人講的，我們對西方人常用的名字叫「禪中心」。目前東初禪寺的架構，正式向政府登記的法人有兩個：一個是東初禪寺，即「禪中心」；另一個是「美國法鼓山佛教協會」，原來也是以東初禪寺為會址，現在則是以象岡道場為主要的據點。未來「美國法鼓山佛教協會」除了提供禪修道場，也會參與國際性的活動，對於世界的和平、人類的幸福及社會的安定，將有很大的幫助。

東初禪寺是我們在西方弘傳佛法的重心，在美國本地，我們有二十幾個分支點的護法體系；而在英國、克羅埃西亞、墨西哥等其他幾個禪修據點，也是由我在西方的弟子們，自己所辦、主持的禪修機構，看起來不算是我們的，事實上都是從東初禪寺發展出來而到了歐洲、南美洲。

感謝諸位菩薩三十年來的支持。記得三十年前來東初禪寺參加活動的人，還沒有生孩子的，現在孩子都結婚了。時間過得相當快，下一代年輕的法師和居士都會接替上來，期望未來東初禪寺有更多年輕人來參與。

我非常歡喜，希望諸位菩薩繼續支持東初禪寺的發展。往未來看，東初禪寺將成為美東地區很重要的佛教道場，不僅僅對華人，對西方人來說，都一樣受歡迎。阿彌陀佛！

（東初禪寺三十週年開示錄影節錄，二〇〇八年六月《法鼓》雜誌）

無論哪個時代，不論東、西方社會，禪都是人心所需；基本的方法，也是唯一有效的方法，就是仰賴自己，透過修行來解決自己的問題。圖為2006年11月4日，聖嚴法師於象岡道場方丈寮。

# 學佛的三個連鎖

諸位貴賓、諸位護法居士，今天我只想講三句話：第一，我們這個團體是做什麼的？如果僅僅是要求人家來護持、協助、做義工，這不是我們的目的。我們主要的目的，在於提供社會所需的精神食糧。

精神食糧提供給誰？不一定是佛教徒，實際上是為了非佛教徒。因為佛教徒已經入門，他已經知道如何「找飯吃」，知道用佛法來安身、安心，但是還有很多的人不知道用佛法。所以，我們這個道場的存在，不完全是為佛教徒，更重視還沒有佛教信仰的人。

至於誰來護持道場？除了佛教徒以外，非佛教徒也來護持，這是我們這個團體的特色，各種各樣的人都來護持，這是我首先要講的道場功能。

第二，我們非常關心已經進入佛門的佛教徒，或者是已經接觸佛法的人，是不是還在持續成長？假使沒有成長，就表示退步。有一些人皈依以後，從此不再學佛，不聽、不看、不再練習方法。他們不用佛法調心，不用佛法為社會大眾奉獻，僅僅是掛名的佛教徒，雖然還是參加道場的法會，添油香、做功德，好像也在修行，也在護持道場，但與正信的佛教徒，相去甚遠。

我記得大陸過去有位戲劇名演員梅蘭芳，直到晚年八十多歲，每天還要吊嗓子。臺灣的名演員顧正秋，儘管不再登台，還是每天吊嗓子。人家就問，妳已經不演戲了，怎麼還要吊嗓子？她說，這是我生活的一部分，如果不這麼做，就好像清晨起床，沒有洗臉、沒有漱口、沒有刷牙，彷彿欠缺什麼。俗諺講：「三日不讀書，面目可憎。」一個學佛的人，如果不用佛法熏習自己，哪天照鏡子，可能也會覺得自己「面目可憎」。

因此，我們這個道場的存在，有兩個功能：一個是接引新人，使他們認識佛法的好處；另外一種，幫助已經入門的佛教徒，使他們繼續成長。不僅僅是個人成長，也希望帶動整個家庭、整個社會一起成長，這才是真正在「提昇人的品質，建設人間淨土。」

提昇人品，是提昇我們自己的品質，從人格、行為、待人接

聖嚴法師指出，學法、護法、弘法是互為支持的三連鎖。首先是肯定自己所學、所做，而愛護它、保護它，動力則在於分享給人的熱忱。圖為2006年11月11日東初禪寺皈依典禮。此次亦為法師最後一次到美國弘法。

物，以及處理問題等各個層面，檢視自己是否已經提昇？有人自稱學佛數十年，很有修行工夫，其實這僅是短暫一瞬，想想釋迦牟尼佛經過三大阿僧祇劫，才修證成佛，學佛幾十年，又算什麼呢？因此，請大家一定要精進、努力，對自己、對家人、對我們的社會都會很好，道場的功能即是在此。

我們一定有動力，這個動力是怎麼產生的？就是肯定自己正在學、正在做的事，愛護它、保護它，同時分享給人。我有個小故事，雖然是個笑話，事實確是如此。我小的時候家裡很窮，有一次，我的哥哥從上海帶回一串香蕉，已經熟透也黑了，而我分到一根，嘗了一口，覺得真是人間美味，而我想起學校的同學們一定沒有吃過，因此就拿這根已嘗了一口的香蕉到學校分享。我說，一人咬一口是不行的，只能舔一口，最後有個小孩把它一口吞下。我覺得很高興，自己吃一小口，而分享給更多的同學，讓大家都嘗到香蕉的美味。

一個學佛的人，當你真正覺得佛法對你有用，你會迫不及待想告訴人，你懂得用佛法讓自己過得很快樂，許多問題過去沒辦法解決的，而現在都可以處理了，不僅自己解決問題，還可以幫忙他人解決問題。因此，真正學佛的人，是自己用佛法；其次，你會愛護佛法；第三，你一定會宣揚佛法。學法、護法、弘法，是循環的三個連鎖。

（二〇〇六年十一月十一日講於東初禪寺，節錄）

## 以精進心開創道場

我剛到美國時，只有一個人和一張桌子，我們就是這樣開始往前走，一步一步，每一步都走得很艱難，每一步跨越的時間都很長。我們每去一個地方，就像是去點一把火，火點燃以後，看當地人對這把火有沒有興趣，如果有興趣，我們繼續找當地的人支持，大家一起把基礎打定。所謂「打定基礎」，就是把腳跟站穩。你如果能夠接引當地群眾，就能在那邊穩扎腳跟，那麼，你一個人或幾個人就可以住下來了。我們就是這麼走過來的。

最初我到紐約的時候，沈家楨居士曾介紹我到一位韓國老居士家裡住。這位老居士很熱誠，非常有道心，他也是剛剛才到美

東初禪寺創建之初即有的週日講經傳統，迄今依舊。圖為2008年12月21日，現任住持果醒法師主講「照見五蘊皆空」。

國，後來我常常跟他保持聯繫。他買了一個很小的地方，我借住一個房間。那個房間滿有趣的，白天看不到，晚上才看得到，因為床鋪隱藏在辦公室的座墊下。座墊一打開，就成了房間，也就是房間與辦公桌、佛堂、禪堂、齋堂都在一起，沒有區分，十分經濟。我們幾乎沒有什麼私人的東西，公共的東西就放在抽屜裡面。我在那裡住了一段時間，也覺得滿好的，冬天有床被子，夏天有草蓆子，其他的幾乎都沒有。

這也可以說，能夠容納幾個或者是幾十個蓆子和棉被的地方，就是很好的道場，讓大家精進修行。只要有人修行，自然就有人來供養。剛開始創建道場，有時也覺得不習慣，我想這麼小的道場，誰來供養呢？結果到了中午，自然而然就有人提著菜、提著飯來供養了。

東初禪寺初創的時候，我們買房子沒有錢、吃飯沒有錢，連買筷子、碗、盤都沒有錢，怎麼辦呢？我們就想辦法在路邊拾荒。紐約很可愛的，你們試試看，傍晚的路邊上，可以撿回一籃又一籃堪用的物資。沒有破損的當然很好，破損的、尺寸不一的也沒有關係，我們最初所有的碗筷、廚具，統統是撿來的。我們還撿過一籃子的馬鈴薯、番薯、番茄，也撿到過黃芽菜、大白菜，有的已經是黃了皮、出了芽的，只要把表層稍微整理，還是可以吃的。

這樣的生活過了好幾個月，有一位天主教的修士來看我們，他問我：「你們在西方吃得這麼艱苦、生活這麼艱苦，目的是為了什麼？」我說：「沒有目的，這就是修道。」他聽了點點頭。後來沈家楨居士看到我們生活得這麼艱難，替我們付了第一個月的房租。我們在那裡前後住了將近五個月，人也多了起來，就要另外找地方了。

正好現在東初禪寺的對面，有一層樓要出租，雖然空間不大，但是能夠讓四、五十人一起共修，也就足夠了。有很多人說：「師父，我們應該換大一點的地方。」我說：「道場是這樣子，人多就大，人少就小。我們現在人不多，道場是大不起來的，還是先用小的地方吧。」幾年後，對面有棟房子（即東初禪寺現址）要出售，並且有人發心全數護持，因此我們又再搬家，一直住到現在。

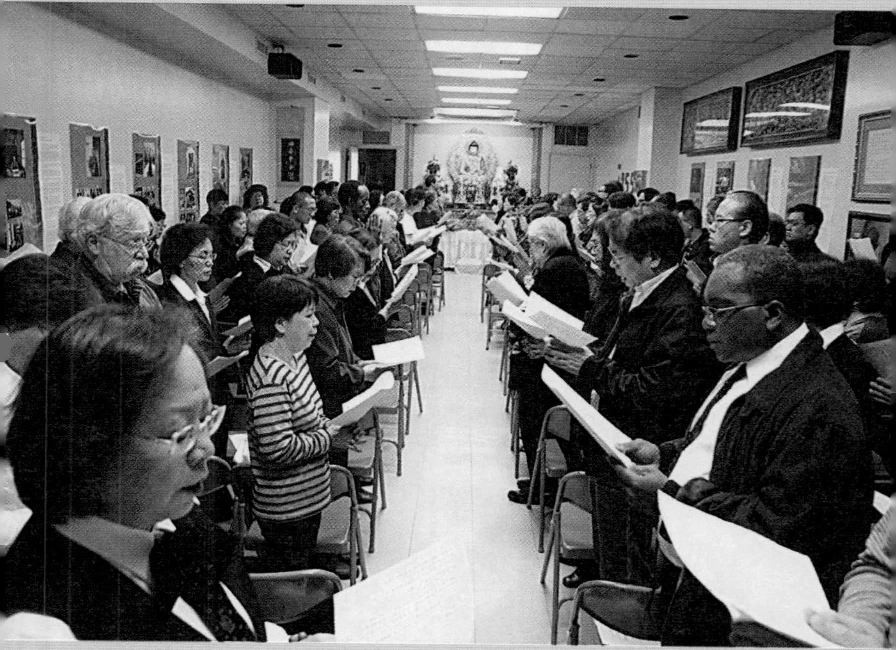

道場的功能，便是提供軟硬體資源幫助大眾精進共修。圖為2009年1月，東初禪寺共修一景。

也就是說，我們不要先想到有個道場，但是心中要有道場；只要精進於修行，自然就會有道場。

（二〇〇八年十二月二十八日講於法鼓山）

「只要精進於修行，自然就會有道場。」聖嚴法師期勉四眾弟子以精進心開創道場。圖為2005年5月20日，聖嚴法師與禪眾合影於象岡道場。

附錄一

# 東初禪寺大事記

## 一九八九—二〇一四東初禪寺與法鼓山

**一九八九年四月**

聖嚴法師創建法鼓山。

**一九九〇年五月**

聖嚴法師於東初禪寺撰寫〈與法鼓山僧俗弟子共勉語〉（後稱為〈四眾佛子共勉語〉）。

**一九九〇年十二月**

聖嚴法師於東初禪寺撰寫〈菩薩行〉。

**一九九一年十二月**

聖嚴法師首於東初禪寺試辦在家菩薩戒傳授儀程，共有東西方眾八十八人參加；臺灣地區首屆在家菩薩戒則於一九九三年在農禪寺舉行。

**一九九三年六月**

美國法鼓山護法會於東初禪寺成立。

**一九九五年五月**

聖嚴法師於東初禪寺撰寫「法鼓山共識——如何推動法鼓山理念」。

**一九九七年七月**

成立象岡道場。

**二〇〇〇年五月**

法鼓山首屆「禪四十九」於紐約象岡道場舉行，以默照禪為方法，前六週為禪修，最後一週傳授在家菩薩戒。

**二〇〇一年五月**

臺灣信眾組成「法鼓山海外聽經護法團」，參訪東初禪寺及象岡道場。

**二〇〇六年十至十二月**

聖嚴法師最後一次赴美，於東初禪寺主持皈依、公開演講，並宣講觀音法門。

**二〇一四年十月**

東初禪寺動工擴建，整體工程含現址，及近年相繼購入的九〇—五四、九〇—五二、九〇—五〇等鄰旁三棟建築，使用面積擴增為原址三倍。

# 禪在西方——東初禪寺口述歷史座談

・時間　二〇一四年六月二十七日（五）晚間七點至九點
・地點　臺大集思會國際會議中心
・主持人　果光法師（法鼓山僧團都監）
・與談人　果元法師（法鼓山禪修中心副都監）
　　　　　于君方教授（美國哥倫比亞大學宗教系榮譽退休教授）
　　　　　俞永峯副教授（果谷，美國佛羅里達州立大學副教授）

位於美國紐約的東初禪寺，從一九七九年成立以來，至今已三十多年，可說是聖嚴師父弘

法的起步，更是法鼓山發展的原點。

在動工擴建前，法鼓山文化中心策畫口述歷史座談，希望透過早期東初禪寺僧俗四眾的分享，留下珍貴的成長記事。

**果光法師（以下主）**：很感恩主辦單位讓我們看了一段早年師父的開示（註：「從零開始」，一九九三年聖嚴師父講於農禪寺），讓我們回首師父在美國邁出的第一步，點點滴滴都讓大家想起與東初禪寺深厚的因緣。請教三位，您的第一步是如何親近聖嚴師父的？

## 親近聖嚴師父的第一步

**于君方（以下稱于）**：第一次見到師父是在大覺寺，那是一九七六年，師父從日本到美國的第二年。當時我在羅特格斯大學教書，其中一堂課介紹佛教，我認為授課不能僅持理論，也應實地到寺院參訪。又因過去我就讀哥倫比亞大學時，曾去過大覺寺，因此便帶學生前往。那天便是聖嚴師父親自應門，非常熱情地招待我們，還對那群美國學生說，有什麼問題可隨時提問，並且不厭其煩地為我們介紹和說明。

師父在美國指導禪修，也從大覺寺開始，我很榮幸能夠成為師父教禪修的第一代弟子。師父曾說，一般美國人只知有日本禪，卻不知中國禪佛教的歷史更為悠久，為此我們必須努力弘法。從師父的博士論文和所有著作的《法鼓全集》，可以看到師父的學問非常淵博，但是如何能將漢傳佛教傳入美國主流社會？我覺得師父的做法非常善巧，就從教禪開始。

我的禪修工夫很淺薄，每當師父回到紐約，都會關懷我，希望我參加禪七，而我總是找了各種理由推辭：說自己很忙、膝蓋有問題，加上身體因素，總無法安坐在蒲團上。

東初禪寺就像一個家，而師父是家長，為大眾教禪、開課，也講經開示，比方《楞嚴經》就講了好幾年。師父偉大之處，便是將高深的佛法義理，經由平易近人的解說方式，使大眾理解、接受。更使我詫異的是，師父講開示，就像對我一人而說，而其他人也有相同感受，感覺師父就像對他個人說法，這點真是奇妙。

在西方社會，師父是備受讚譽的一名禪師，除了推廣禪法，也一直在弘揚漢傳佛教思想。

**果元法師（以下稱元）**：舊的東初禪寺，比現在的東初禪寺更小，然而早期我對東初禪寺的印象卻是「好大」。因為每次打七都是坐得滿滿的，禪七結束，人走了，坐墊收起來，空間就變得好大，這個印象滿深刻。後來，我發現法鼓山體系對空間的運用，都是一致的做法，善巧方便，彈性運用。

我是一九八三年首次到東初禪寺打七，那時很多東西都不懂，師父小參講的開示，好像懂了，但是不知道怎麼用，包括師父的口音，也是慢慢習慣的。師父給我最深刻的印象，一個是幽默感，一個是親切感，第三是不迷信。以前佛教或是出家人給人的印象，多少帶有迷信色彩，比如替人看面相之類，而這些在師父身上完全沒有。師父的作風，非常樸實、務實。

師父在美國期間，東初禪寺固定於週六舉行禪修活動，由常住法師帶領。週日上午，通常是禪坐共修及開示，下午則有師父講經。後來做了微調，在師父講經結束後舉行觀音法會。師父回臺灣期間，週日則禮請仁俊長老，或是李恆鉞教授講經。

**果谷菩薩（以下稱谷）**：我是在一九八一年冬天，隨母親從臺灣移民到新澤西。母親早年在北一女教書，有個學生在廣欽老和尚座下出家，為此，我和母親常去承天禪寺。來美之後，母親經人介紹走進東初禪寺，我是去玩，母親則為聽聞佛法。

大概是第二次見到師父，我問師父：「您會不會武功？」師父看我一眼，說道：「當然會啊，甚至可以飛簷走壁。」這回答真是太有趣了。師父接著問我：「你想不想學？」我說想。「好，下星期你來上初級打坐班。」這便是我跟著師父學習的開始。

小時候對東初禪寺的另一個印象，就是大家禪坐的時候我也跟著一起，到了師父講開示，我因聽不懂，就上二樓畫畫，主要是畫佛像。有人告訴我，我在黑板上畫的佛像，有時師父會留個好幾天，師父寫講義的側旁，就是我留下的塗鴉。

對我來說，舊的東初禪寺是個非常好玩的地方，師父是非常親切的一個人。

## 早期的東初禪寺

**元**：早期參加禪七的印象，禪眾多以英語人士為主，即使華僑也以英語溝通，比較少聽到華語。後來隨著皇后區華人移民漸增，來寺的華人同等增加，漸漸就以華語為主要語言，這是很自然的演變過程。到了後期，西方人逐漸減少，這是我們必須正視的課題。師父曾說，不論我們辦什麼活動，只要現場有一人聽不懂中文，就必須提供英語翻譯，為的就是接引西方人。

在紐約，通常寺院都不會大敞門戶，這是基於安全考量。東初禪寺曾有過一次經驗，某次禪期，一名喝醉酒的醉漢，按了好幾聲門鈴，他就是準備來鬧事的。正好禪眾之中，有個西方人塊頭很大，他走出來往前一站，那個醉漢馬上就走了。

寺院不是經常開門，對來訪者確實不便，但有時也有意外的驚喜。像是有些信眾第一次到東初禪寺，按鈴後，發現是師父親自開門，非常驚喜。東初禪寺的地方很小，有時師父會在一樓知客處看報紙，有人按鈴，師父就像知客一樣，接引他們入門。

**谷**：在舊的東初禪寺，除了王明怡、李佩光、馬宜昌夫婦等少數華人之外，常來眾多是西方人。遷到現址以後，華人比例明顯增加。其中原因，可能與師父當時在臺灣辦學、主持禪七，已累積相當聲望有關。另一方面，東初禪寺所在的皇后區，鄰近有個中國城，這也是可見的客觀環境的改變。東初禪寺從購入到後來的經營維持，多由華人信眾護持，這也是非常實際的問題。

一九九〇年代初期，東初禪寺主要活動均由師父親自主持；

一九九五年以後，師父指示常住眾輪流開課，例如禪修課程排於週三，週五則講經論，或是禪修問答。另外，常住眾也開始在禪七期間，協助師父進行小參。

一九九七年起，東初禪寺開始舉辦禪修師資培訓課程，初期以西方眾為主，每週五晚間由師父親自上課。師父不在紐約的時候，就由常住法師帶領大家討論師父教導的內容，不斷地複習。大約一年以後，另開辦以華人信眾為主的師資培訓班。之所以有英語及華語二種課程，是為減少翻譯時間，尤其一九九八年之後，華人信眾倍增，華語成為主要語言，而為西方人專門安排英語課程，確實有其需要。

## 心靈的皈依處

主：接下來請三位與談人談談：東初禪寺對你們人生的影響？

谷：現在許多道場都在辦兒童營，家長希望孩子從小接觸佛教，如果能背誦《心經》、學打坐，那是太好了。以我自己的成長歷程，我認為讓孩子接觸寺院，覺得很親切，甚至很好玩，便已足夠。倒不一定要背《心經》，或給予正式的佛教課程，只要讓他感受到：道場是個很親切的地方，便已種下學佛種子。

我從小親近廣欽老和尚及聖嚴師父，在我身上所產生的影響，很難用語言文字形容，那不是來自教義或方法的學習，而是一種親切感，使我感受熟悉、溫暖。尤其十二歲親近師父之後，我每星期一定到東初禪寺，師父可說是看著我長大，而東初禪寺給予我的，就是這種溫暖的感覺。

現在我已四十五歲，回首過去從在家、出家，到「回家」，進入學術界，一步一步走來，我非常清楚此生目的，就是為了當一座弘法橋樑。過去我曾擔任師父的侍者、英文翻譯，協助師父弘法，現在則是透過學術研究和推廣漢傳佛教的修行，繼續在西方社會扮演橋樑的角色。

**元**：果谷菩薩談起成長過程，也讓我回想起小時候上寺院的情景。我出生於越南，十歲那年曾跟著母親到寺院參訪，那種感覺就像回家。我記得寺院牆上，到處掛著金碧輝煌的中國佛畫，其中一幅是文殊師利菩薩騎於獅子座的工筆畫，整幅畫都是金色的，非常精緻，我站在那裡看了很久。那時對寺院的感覺是很好玩、很親切、很自然。再過幾年，我也到了西貢當地最大的教堂參觀，給我的感覺則是陰森森的，好像哪裡不對勁的感覺。這兩個對比，非常明顯。

至於師父與我之間的互動，還是那句話：感覺非常自然，一切都是非常自然，甚至學佛之後，對我人生的影響與改變，也是那麼自然。

東初禪寺從對街舊址搬到現在這個地方的時候，師父指示整建翻修的工程由我負責，有時也要做一些粗工。這個地方原來是一家 5 & 10 cent Store，專賣便宜的五金雜貨，改建時，我們延請的建築包商，並沒有完整的施工圖，而是採取邊做邊修。有時他的做法，我認為可能行不通，但他還是堅持自己的做法。結果做出來以後，確實有問題。這僅是一個例子，學佛改變了我的心態，原來不感興趣的事，後來也能夠欣然面對，就是自然發展的一種學習。

此外，早年我住在加拿大，到東初禪寺參加禪七以後，都會定期收到師父寄來的《禪》雜誌。有時上班遇到煩惱，讀了《禪》雜誌，煩惱也就祛除了。

因此，從第一次打禪七到現在，師父帶給我的影響是整個一生的。當我遇到問題時，我會從內心來觀照自己，從正見來檢視言行；當然還是會有煩惱，可是漸漸發現，快樂、自在的時間比較多一點。

## 提昇漢傳佛教的國際地位

于：師父是我今生的佛法老師。我在哥倫比亞大學念的是漢傳佛教，但在當時，我並沒有受到很好的學術訓練。一九六〇至七〇年代的佛學界，學術與修持是分家的，便是所謂「圈內」、「圈外」二種領域。如果你要研究佛教，就必須站在「圈外」，採取非常科學、客觀的角度，而不能夠用任何同情、參與、理解的方式治學。因此，我所受的學術養成，側重於佛學語言及歷史方面，直到親近師父，才有佛法層面的體驗。

師父本身是禪師，也是禪學專家，博士論文以明末蕅益大師為研究主題，而我的博士論文也是研究明末中國佛教。當我完成博士論文之後，便決定往前追溯宋代佛教，尤甚關注禪宗的清規，以及禪宗如何培養年輕人修行等議題；在這方面，我曾多次向師父請教。

至於觀音信仰研究，第一位請益的也是聖嚴師父。觀音信仰，在一九八〇年代雖已普及亞洲及華人社會，可是學術上從未有過相關研究。當我提出以後，師父非常贊同，認為很值得研究。就是從學術的立場，研究一個外來（印度）的信仰，如何徹底轉變成為中國佛教的內涵。能夠得到師父的鼓勵，使我信心倍增。

在我完成觀音論文（英文）且出版以後，常有人問起：什麼時候出版中譯本？為我解決難題的還是聖嚴師父。二〇〇六年是師父晚年最後一次到東初禪寺，我跟師父談起此事，師父立刻說沒有問題，翻譯、出版，由法鼓文化負責。這本書所以有中譯本，全緣於師父的支持，日後中國大陸的商務印書館依據法鼓文化的版本，也發行了簡體字版。

另有兩件事，也是師父的偉大貢獻，並且影響我現今的學術生涯。一個是二〇〇七年，由聖嚴教育基金會與哥倫比亞大學合作設立的「聖嚴漢傳佛學講座教授」，由我擔任首位講座教授；另一則是二〇〇九年，中華佛學研究所於哥大設立「漢傳佛教專書出版基金」。

講座教授的目的，就是不斷培養專門研究漢傳佛教的博士生，等到他們學成以後到各大學教書，又會帶領一批更年輕的學生研究漢傳佛教，這股影響力是永遠持續的。

至於為什麼要設立漢傳佛教專書出版基金？因為現在美國的學術出版社，普遍面臨出書困境，主要是因市場的關係，因此出書經費必須由作者部分負擔。這對很多學者而言是有困難的，使得出書計畫一再延宕。哥大成立這筆出版基金之後，可提供優秀的漢傳佛教論文的出版經費。預計今（二〇一四）年秋天，將可出版四本新書，正在審查階段的另有四本，加上之前已出版的一本，那就有九本書了。現在已有愈來愈多的學者知道，要出版漢傳佛教的學術著作，就要到哥大來投稿。

師父來到美國的願心，就是希望把漢傳佛教提昇至國際社會應有的地位，無論從禪修，或從學術予以提昇。我認為師父的理想正在一步步實現，至少在美國學界，漢傳佛教的未來可說是充滿光明。而我的任務，就是鼓勵年輕的學生研究漢傳佛教，並且鼓勵他們投稿。

## 以信心、願心，開創新局面

**主**：東初禪寺的因緣，現在已走到擴建的階段，請三位談談對東初禪寺未來的期許。

**元**：初禪寺即將擴建，可說是一個新里程的開始，要面對的事情很多，我相信現在負責的法師們會有很好的規畫。

擴建以後最大的改變是，可以同時舉辦不同的活動，接引更多的人。接引的意思就是說，在同一時間，針對不同對象的需求，給予中、英文各式活動；或者安排家庭活動，從幼兒、兒童，到青少年、成人活動，都可以規畫。希望大家在接引及弘揚方面，能夠好好努力，我們要做的，就是秉持師父創設道場的願心，願願相續，開創出新的局面來。

**于**：在我的印象中，過去師父經常受邀為各界演講，尤其是大學，比方我當年任教的羅特格斯大學，師父演講過好多次。師父對大學青年的接引非常看重，不少早期的美國弟子，都是因師父到大學弘法而接引入門，比如 Buffy、Nancy、Harry、Rikki Asher 等等。建議東初禪寺的法師們也能走進大學，主動接引，讓他們知道有東初禪寺這樣一個地方。

從整個紐約來看，東初禪寺居於非常有利的地位，既有設備完好的場地，又兼有各種修行活動，這是其他佛教道場難以比美之處。我認為，東初禪寺很有發展的潛能。

**谷**：東初禪寺所扮演的角色，如果只是維持師父留下的禪跡，難以繼續開創。我們必須勇敢往前，去做師父還沒有做到的事，去開創師父尚未開發的局面。也就是要培養人才，就像師父當年培養常住眾的作法，讓他們跨出寺院大門，對外帶領活動，或是發表文章，同時進入大學校園，讓每個人都有發揮的餘地。

從我自己帶領師資培訓班的過程中，發現一個有趣的現象，就是具有弘講技巧，或者有較深禪修體驗的老師，所接引的學生人數，有時反而不如口才較差、經論理解還待加強的老師；後者帶的活動，經常人數爆滿，甚至其他道場也延請他們開課。每個眾生都有他自己的因緣，每位老師都有他個人的法緣，不能僅以佛法知識及體驗來論定師資的差異。因此，期盼東初禪寺擴建以後，無論法師也好、禪訓班師資也好，能夠讓每個人都有發揮的平台，接引更多的人接觸佛法。

**主：**最後，請每位與談人給予東初禪寺簡短的祝福。

**于：**聖嚴師父自一九七五年底來到美國，數十年間種下的種子，現在是真的開花了。東初禪寺的所在位置及硬體設備，在紐約佛教界來講非常優越，這是非常好的基礎。希望大家秉持師父的信心和願心，讓歷史悠久而光榮的漢傳佛教，繼續在美國深耕、茁壯。祝福。

**谷：**東初禪寺是整體法鼓山的原點，希望我們能承續師父的初發心，以東初禪寺為原點，把漢傳佛教傳播給全美、全世界需要佛法的人。

**元**：從舊的東初禪寺搬到現在這個地方，以及尋找象岡道場的過程，都曾經面臨人力、物力非常吃緊的狀況，有些時候覺得負擔滿重，我抱持的態度就是完全投入，在過程中學習。現在東初禪寺的法師還不少，擴建工程也很重大，希望大家能夠同心協力，把這個任務完成。阿彌陀佛。

人間淨土 33

# 東初禪寺的故事

The Story of Chan Meditation Center


| | |
|---|---|
| 著者 | 聖嚴法師 |
| 選編 | 胡麗桂 |
| 出版 | 法鼓文化 |
| 總監 | 釋果賢 |
| 總編輯 | 陳重光 |
| 編輯 | 呂佳燕 |
| 美編設計 | 邱淑芳 |
| 地址 | 臺北市北投區公館路186號5樓 |
| 電話 | (02)2893-4646 |
| 傳真 | (02)2896-0731 |
| 網址 | http://www.ddc.com.tw |
| E-mail | market@ddc.com.tw |
| 讀者服務專線 | (02)2896-1600 |
| 初版一刷 | 2014年9月 |
| 二版三刷 | 2022年12月 |
| 建議售價 | 新臺幣200元 |
| 郵撥帳號 | 50013371 |
| 戶名 | 財團法人法鼓山文教基金會—法鼓文化 |
| 北美經銷處 | 紐約東初禪寺 |
| | Chan Meditation Center (New York, USA) |
| | Tel: (718)592-6593  E-mail:chancenter@gmail.com |

法鼓文化





國家圖書館出版品預行編目資料

東初禪寺的故事 / 聖嚴法師著. -- 初版 · -- 臺北市 : 法鼓文化, 2014.09

面；　公分

ISBN 978-957-598-652-0(平裝)

1. 美國紐約市

227.52　　103018656